これ一冊で安心！

ひとり暮らし スタート ガイドブック

監修
河野真希　坂本綾子　国崎信江

いよいよ新生活が
スタート！

みんなを
サポートするよ！

ナツメ社

Contents

part4
整理整頓・掃除

part5
食事

part6
洗濯

ひとり暮らし経験者に聞いた！

はじめに

ひとり暮らしをスタートする皆さん。
この度は、おめでとうございます！
初めてのひとり暮らしに期待が高まる一方で、
ひとりで本当に大丈夫かな、できるかな、と
不安もたくさんあると思います。

そんな皆さんを少しでもお手伝いできればと、
本書には、部屋探し、引越し、家事、お金の管理、
防犯、トラブル対策など、ひとり暮らしに必要な情報や
アドバイスをたくさん詰め込みました。

ひとり暮らしを始める前も、始めてからも、
わからないことや困ったことがあったら、
ページを開いてみてください。
きっと、あなたを助けるヒントが見つかるはずです。

ぜひこの本と一緒に、素敵な新生活を送ってください。

character

ねこ先生
ひとり暮らしを熟知した先生。さまざまな場面で役立つアドバイスをくれる。

ピヨすけ
ねこ先生のアシスタント。ひとり暮らし歴は浅く、まだひよっこ。

Aさん
就職を機にひとり暮らしを始める新社会人。趣味は推し活。

Bさん
就職を機にひとり暮らしを始める新社会人。自炊に挑戦中。

Cさん
進学を機にひとり暮らしを始める大学生。課題と遊びで大忙し。

\ part /

1

部屋探し

まずは、ひとり暮らしで
いちばん重要な部屋探しからスタート！
住みたいエリアや間取りの条件、
家賃に契約条件など、
チェックする項目はもりだくさんです。
余裕を持ってスケジュールを
立てていきましょう。

まずはここから
スタート！

どんな部屋に
住もうかな

01 部屋探しのスケジュール

まずは引越しまでの流れを確認し、部屋探しのスケジュールを
立てることからスタート。

部屋を借りるには、物件探しから始まり、内見、申し込み、入居審査、契約と段階を踏むため、それなりに時間がかかります。引越し作業を業者に依頼するなら、さらにスケジュール調整が必要です。希望の入居日から逆算して、遅くとも1か月前には不動産会社にコンタクトをとり、内見を開始しましょう。

物件を探し始めるのはさらにその前。入居希望日の2か月前くらいから情報収集を始めたいものです。

引越しまでの流れをシミュレーション

4週間前

審査3〜7日

スタート！

部屋探し開始

物件探し

街の雰囲気、通勤通学時間からエリアをしぼり、不動産情報サイトなどで物件情報を確認。

物件の探し方
▶ P.16

条件を決める

部屋の間取りや家賃など、希望の条件を具体的に決めていこう。

希望条件を
まとめよう ▶ P.10

物件の内見

気になる物件をいくつかピックアップ。その物件を取り扱う不動産会社に連絡し、内見へ！

不動産会社の選び方
▶ P.20

不動産会社を訪問しよう
▶ P.22

内見のポイント ▶ P.24

申し込み＆入居審査

気に入った物件があればまずは申し込みを。申し込み後、入居可能かどうかの審査が行われ、3〜7日後に結果が出る。

物件の申し込みと入居審査
▶ P.28

情報収集は
早めに始めよう

気をつけよう！

引越しが多い時期はスケジュールに注意

進学や入社、転勤などで多くの物件が動くのは3月と9月。この時期は引越しが集中し、不動産会社も引越し業者も混みあいます。入居審査に時間がかかったり、引越しの予約が思うようにとれないことも。スケジュールは余裕をもって組みましょう。

契約時期を見極めよう

家賃は入居可能な日から発生します。焦って契約をすると、3月から入居するのに2月から家賃を払う……なんてこともあるので注意。学生の場合、合格発表後の入居日までは家賃が発生しない「合格前予約」ができる不動産会社もあります。

3月に入居可能な物件は1月から出回るよ

先輩 voice

3月末の引越しを予定していたけど、料金がとても高額だったので、4月中旬に延期。たった2週間ずらすだけで料金が半額近くになったのでびっくり！

 3週間前　 2週間前　ゴール！

契約
入居審査に通ったら、必要書類を用意し、いよいよ契約へ。契約書や注意事項をよく確認し、双方が納得できたら契約成立！
契約の流れ▶P.30

引越し業者の予約
引越し方法を決めよう。業者を利用する場合は、数社から見積もりをとり検討を。
引越しの方法とスケジュール▶P.36

転出届＆荷造り
荷造りを進めつつ、転出届を出すなどの各種手続きも進めよう。
入居前に行う手続き▶P.38
荷物の準備▶P.42

引越し＆入居日

新居が近くなら荷物を少しずつ運ぶのもアリ！
引越しまでは大忙し！

希望条件をまとめよう

自分の希望がはっきりしていないと、どんな部屋を見てもなかなか決断できないもの。住みたい部屋の条件などを具体的に考えましょう。

部屋を探すときには、①どのエリアに住みたいか、②家賃はいくらまで出せるか、③どんな部屋に住みたいか、この3点をはっきりさせましょう。右ページからは考え方のヒントをあげています。参考にして具体的な条件を書き出してみてください。もちろん、すべての希望が叶うわけではないので、条件のなかでも優先順位を決めておきましょう。優先順位を決めると部屋の候補もしぼりやすくなります。

希望条件チェックリスト

こだわりたい条件にチェックを入れましょう。
優先順位が決まっているなら、番号を書いても。

エリア
- ☐ 通勤通学30分以内
- ☐ 通勤通学1時間以内
- ☐ 最寄り駅から徒歩＿＿＿分以内
- ☐ 店がたくさんある地域
- ☐ 静かな地域
- ☐ 災害リスクが少ない地域

家賃
- ☐ 5万円以内
- ☐ 7万円以内
- ☐ 9万円以内
- ☐ 6万円以内
- ☐ 8万円以内

部屋
- ☐ 建物構造（木造、鉄筋コンクリート造など）
- ☐ 築年数（新築、築5年以内）
- ☐ 階数（2階以上）
- ☐ 日当たり良好
- ☐ セキュリティ設備あり
- ☐ ペット可
- ☐ 駐車場・駐輪場あり
- ☐ ワンルーム
- ☐ 1K
- ☐ 1DK
- ☐ 角部屋
- ☐ ベランダ
- ☐ バス・トイレ別
- ☐ 収納
- ☐ ガスコンロ
- ☐ エアコン
- ☐ インターネット回線
- ☐ 浴室乾燥機
- ☐ 室内洗濯機置き場
- ☐ モニターつきインターホン
- ☐ オートロック
- ☐ 宅配ボックス

ほかに希望があればメモしておこう

どのエリアに住みたい？

使いたい路線や駅の候補をいくつか出そう

1 通勤通学時間を考える

まずは通えるエリアをしぼろう。片道30〜40分が疲れない範囲だが、急行や特急電車を使うのか、普通電車を使うのかによっても最寄り駅の選択肢は広がる。自分に合った通勤通学スタイルで通える範囲を考えてみよう。

2 まわりの環境を考える

例えば、夜遅く帰ってくることが多い場合は、遅くまでお店が開いている地域が安心。家で仕事や勉強をすることが多いなら、静かな地域が◎。引越したあとの暮らし方を具体的にイメージすると、優先したい点、妥協できる点が見えてくる。

3 犯罪・災害リスクを考える

女性のひとり暮らしなら治安のいい場所を選びたいもの。また、最近は集中豪雨などにより思いもよらぬ場所で水害が起こることもある。災害を完全に避けるのは難しいが、リスクを知って備えておくことが大切。

覚えておこう

防犯・防災はサイトで確認

犯罪発生状況は、各都道府県警察が情報提供する「犯罪マップ」などで確認できます。また、災害リスクについては国土交通省が運営する「ハザードマップポータルサイト」で確認しましょう。

先輩 voice

わたしは、あえて普通電車しか停まらない駅近物件を選択。通勤時間は少し長くなるけど、家賃は安くなったし、急行電車と比べると電車内の混雑もそれほどなくて、よかった！

静かな地域にこだわって部屋を選んだから、在宅ワークにも集中して取り組めるよ。

家賃はいくらまでOK？

毎月かかるお金のほかに、
部屋の契約時、更新時に
かかるお金も考えて

1 毎月かかるお金を考える

適正な家賃を計算するには、毎月の収入と支出を知る必要がある。家賃、光熱・水道費、交通費、通信費は、毎月必ず支払う固定費として考えよう。食費や日用品費、被服費、医療費、交際費、趣味に使うお金などは変動するので、収入から固定費を引いたお金でやりくりすると考える。それぞれどれくらい必要かシミュレーションしてみて。

家賃は月収の1/3程度に

管理費や共益費などを含めた家賃は、収入の1/3以下に設定するのが一般的。毎月支払う金額なので、無理のない範囲で考えましょう。

その他の費用も
月収の1/3くらい
あると安心だね

その他
日用品費
被服費
医療費
交際費
趣味に
使うお金
など

17万円

家賃 5万円

1万円 光熱・水道費

食費 3万円

交通・通信費 2万円

＊円グラフは、総務省統計局「家計調査　家計収支編　単身世帯＜用途分類＞1世帯当たり1か月間の収入と支出　住居の所有関係別（2022年）」より、民営借家に住む方の平均金額を参考にした数字を額示。

家賃にかけられる金額を出してみよう

家賃は
この金額よりも
少なく！

収入　　光熱・水道費　交通費　　通信費　　食費　　その他

□ 万円 －（ □ ＋ □ ＋ □ ＋ □ ＋ □ ）＝ □ 万円

2 契約時・更新時にかかる お金を考える

契約時には家賃のほかに敷金、礼金などがかかる。また、賃貸の契約期間は2年間が一般的で、その後も住み続けるなら更新料が必要。更新する場合は、更新月に家賃＋更新料を支払わなければならない。

これら敷金、礼金、更新料の金額は、「家賃1か月分」「家賃2か月分」というように家賃の金額が基準に。先々のことも視野に入れ、家賃を設定しよう。

気をつけよう！

2年以上住むなら、 トータルの金額で考えよう

契約時、更新時にかかるお金は、物件によってさまざまです。2年以上住む予定なら、トータルコストを考えてみましょう。契約時に必要な金額＋4年間分の家賃＋更新時に必要な金額の合計をみると、家賃が高くても契約時・更新時にかかるお金が安い物件のほうがお得になることもあります。

契約時・更新時に支払うお金

項目	内容	契約時相場	更新時相場
敷金	家賃の滞納や部屋の原状回復費として貸主に預けておくお金。何もなければ退去時に返金される。	家賃1～2か月分	✕
礼金	物件の貸主にお礼として支払うお金。返金はされない。	家賃1～2か月分	✕
仲介手数料	貸主と借主の間を取りもつ、不動産会社や仲介会社に支払うお金。	家賃0.5～1か月分	✕
前家賃	家賃は基本的に前払いなので、1か月分の家賃を先に支払う。月の途中から入居する場合は、日割り分＋1か月分を支払う。	家賃1か月分	✕
火災保険料	もしものときのために加入は必須。貸主が指定する保険に加入することが多い。	1万5000円～2万円	
保証会社利用料	連帯保証人がいない場合は加入が必要。連帯保証人＋保証会社が必要なことも。	家賃0.5～1か月分	1年ごとに1万円
カギの交換費用	入居するときにカギを新しくすることがあり、その費用を入居者が負担することも。	1～3万円	✕
更新料	賃貸契約を更新する際に支払うお金。	✕	家賃1か月分

部屋の条件は？

これだけはゆずれない！という条件を決めておこう

1　建物について考える

☐ アパート？ マンション？

アパートとマンションを区別する明確な定義はないが、一般的にアパートよりもマンションのほうが気密性や遮音性、耐震性に優れている。その分、家賃は高め。ただ、最近は木造建築の技術も高くなり、機能性の高いアパートも。名称にこだわらず自分で確認しよう。

☐ 築年数は？

新築は家賃が高く、築年数10年以上だと家賃は少し安くなる。築年数が経っている物件でもメンテナンスがきちんとされていれば安心。

☐ 階数は？

防犯を考えるなら2階以上がおすすめだが、下の階に音が響かないよう注意が必要。1階は上の階に比べて寒いけれど、比較的家賃が安く、庭がついている場合も。

☐ 日当たりは？

部屋の明るさだけでなく、温度や湿度にも関わる。日当たりがいいと、冬場でも部屋が暖かくカラッとするが、逆に夏は暑く、冷房費がかさむ可能性も。

☐ セキュリティは？

オートロック、防犯カメラ、モニターつきインターホンなどの設備が整っているほうが安心だが、その分家賃も高くなる。ベランダから侵入しやすくないか、入口が陰になっていないかなど、建物自体の安全性にも着目して。

アパートとマンションの違い

アパート	マンション

構造

木造、木造モルタル造、軽量鉄骨造の建物で、2階建ての低層が多い。	鉄筋コンクリート造、鉄骨鉄筋コンクリート造などの建物で、3階建て以上が多い。

メリット

● 通気性がいいので結露しにくい ● 家賃が安め ● 住人を把握しやすい	● 気密性が高く冷暖房の効率がいい ● 遮音性が高い ● 耐震性が高い ● 防犯設備のある物件が多い

デメリット

● 気密性が低めで冷暖房が効きにくいことも ● 遮音性が低い	● 結露しやすい ● 家賃が高め

先輩 voice

こだわっているわけではないけど、新築を選ぶことが多いかな。気分よく過ごせるし、キレイな状態を保ちやすいから、退去時、敷金はほとんど返ってきたよ。

2 部屋の広さや間取りについて考える

□ ワンルーム？1K？1DK？

ひとり暮らしなら、ワンルームや1Kが一般的。料理をするなら1Kと思うかもしれないが、1Kだと冷暖房がキッチンに届かず、かえって使いにくいことも。食事をする場所（もしくは仕事や勉強をする場所）と寝室を分けたいなら1DKがおすすめ。

□ バス・トイレ別？

お風呂の時間を楽しみたいとバス・トイレ別を希望する人も多いが、トイレつきのユニットバスのほうが、家賃がグッと下がる。

□ 収納は？

押し入れやクローゼットはあったほうが便利。ほかに、靴箱やキッチン収納などもあると、収納家具を揃えなくて済むことも。

□ コンロは？

ガスコンロかIHヒーターかの2パターン。ガスコンロは都市ガスなら光熱費が安くなる。一方、IHヒーターは火事の心配が少なく安心。

□ 付属設備は？

エアコン、ケーブルテレビ、インターネット回線、宅配ボックスなど、付属設備は物件によってさまざま。自分で好みのものを使いたい人には不必要だが、引越しは初期費用がかかるので、設備があったほうが助かることも。

先輩 voice

広いキッチンにあこがれて1Kに引越したけど、中部屋だったためキッチンに窓がなく、昼間でも暗い状態。結局あまりキッチンは使わなかったから、ワンルームでもよかったかも。

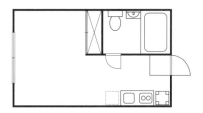

玄関からキッチン、部屋まで、ひと続きになっているタイプ。「ワンルーム8畳」とある場合は、キッチンも含めて8畳という意味なので、部屋だけの広さは6畳くらいになる。

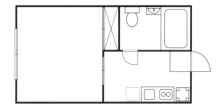

1＝1部屋、K＝キッチンを表す。部屋とキッチンがドアなどで仕切られていて、キッチンが4.5畳未満の物件を指す。

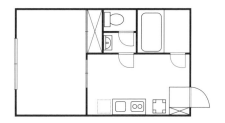

1＝1部屋、DK＝ダイニングキッチンを表す。間取りは1Kと似ているものが多いが、DKの広さが4.5〜8畳未満の物件を指す。

15

03 物件の探し方

自分が希望する条件が見えてきたら、いよいよ物件を探していきましょう。
インターネットである程度目星をつけてから、不動産会社へ連絡を。

物件探しのスタートは、相場を探るためにもまずはインターネットを使って広く調べてみるのがおすすめです。

物件検索サイトは、さまざまな不動産会社の物件を掲載している賃貸ポータルサイトと、不動産会社が運営しているサイトに大別されます。より多くの物件を見たいならポータルサイト、住みたい地域が決まっているなら不動産会社のサイトで検索するのがいいでしょう。内見したい物件をいくつかピックアップし、その物件を取り扱う不動産会社へ連絡するという流れが効率的です。

物件探しの流れ

まずはインターネットで物件をリサーチ

いろいろな物件を見たい

| ひとり暮らし　賃貸 | 検索 |

↓

賃貸ポータルサイトへ

さまざまな不動産会社が取り扱う物件が掲載されているので、幅広く物件を探せる。同じ物件でも取り扱う不動産会社ごとにサービスの違いがあることがわかり、比較しやすい。

住みたい地域が決まっている

| ○○市　不動産会社 | 検索 |

↓

不動産会社のサイトへ

その会社が取り扱っている物件のみが掲載されているので、物件数は少なめ。でも、ここでしか取り扱っていない掘り出しものを見つけられる可能性もあるので、一見の価値あり！

こんな物件もいいかも?

| 学生専用マンション | 検索 |

| 女性専用マンション | 検索 |

| デザイナーズ賃貸 | 検索 |

| リノベーション賃貸 | 検索 |

| ルームシェア可賃貸 | 検索 |

物件リサーチのQ&A

Q 同じ物件でもサイトによって家賃が違うのは？

A 記載されている情報が最新ではない、または、同じ間取りでも部屋番号が違うというケースが考えられます。不動産会社に問いあわせ、どちらの金額が正しいのか、同じ部屋なのか確認してみましょう。なお、仲介手数料は不動産会社で自由に設定できるため、金額に差があることも。仲介手数料が安い不動産会社を選ぶことで、初期費用を抑えることが可能になります。

Q 事故物件*は見分けられる？

A 物件情報に「告知事項あり」という言葉があったら要注意。事故物件の可能性も。もちろんそれ以外の設備不良や騒音などを告知される場合もあります。事故物件については不動産会社が入居希望者に告知する義務がありますが、それは事故後最初に住む人のみというケースが多いもの。気になるときは、契約前に確認をしましょう。

わからないことは
不動産会社に質問しよう

気になる物件をピックアップ

物件の基本情報、間取り図を確認し、気になった物件や内見をしてみたいと思った物件をいくつかピックアップしよう。

間取り図の読み方 ▶ P.18

不動産会社を選ぶ

この物件を取り扱う不動産会社はほかにもあるかも

○○ハイツ（物件名） 検索

同じ物件でも複数の不動産会社が取り扱っている場合がある。その場合、物件名で検索するといくつかの不動産会社が出てくるので、各会社のサイトを確認し、条件を比べてみよう。

この物件は
A不動産が
お得かも

*事件や自殺、孤独死などで亡くなった人が出た物件のことを指す。

間取り図の読み方

物件を探すうえで大きな材料となるのが基本情報と間取り図。
専門の用語や記号などもあるので、正しく読み取れるようにしましょう。

物件の基本情報には、家賃や駅からの距離、設備など気になることが記載されています。それ以外にも、構造や築年数など目に見えないところの情報も建物の質を知るのには重要。更新料も忘れずにチェックしましょう。

間取り図は、物件を真上から見た図で、部屋全体の形やキッチン、トイレなどの位置関係がよくわかります。必要なものがきちんと置けるか、収納スペースは足りるか、生活動線に不便がないかなどを確認しましょう。

基本情報をチェック!

○○マンション 202 号室	
❶ 物件種目	賃貸マンション
❷ 賃貸条件	賃料 65000 円　管理費 3000 円　敷金1か月分　礼金1か月分
❸ 所在地	○○県○○市○○町 1・2・3
❹ 交通	JR ○○線／○○駅　徒歩 5 分

❺	築年数	4 年	構造	鉄筋コンクリート
	間取り	1K	専有面積	28.25㎡

❻	契約期間	2 年
	更新料	賃料1か月分

❼ 設備	エアコン／モニターつきインターホン／宅配ボックス／ガスキッチン／光インターネット対応

❶物件種目　建物の形態を表す。マンション、アパート、一戸建て、テラスハウスなど。
❷賃貸条件　毎月支払う金額は、賃料＋共益費＋管理費。管理費（共益費）が記されていないこともあるのでよく確認を。敷金、礼金は契約時にかかるお金。1〜2か月分の設定が多い。
❸所在地　物件の住所。
❹交通　物件の最寄り駅と、駅からの所要時間の目安。80m＝徒歩1分で計算。

❺築年数、構造、間取り、専有面積　構造は遮音性に関係あり（▶P.14）。専有面積は居室のほかキッチンやバス・トイレ、収納なども含めた広さのこと。ひとり暮らしなら25㎡くらいが標準。
❻契約期間、更新料　2年契約が一般的で、住み続けたい場合は更新料を支払うことが多い。更新時には火災保険料などがかかることもある。
❼設備　建物や室内に設置されているもの。すべてが記載されるわけではないので、確認が必要。

間取り図をチェック!

玄 … 玄関

SB … シューズボックス

備えつけの靴箱あり。□のみが記されている場合は設置するスペースがあるだけという場合も。

UB … ユニットバス

浴室の壁、天井、床、浴槽が一体化しているものをいう。バス・トイレ・洗面台がセットになったものが多い。

CL … クローゼット

収納はCLのほか、「押し入れ」「収」と表記されることも。「WCL」はウォークインクローゼットのこと。

ベランダ

「バルコニー」と表記されることも。間取り図では省略されることもあるので確認を。

洗 … 洗濯機置き場

「W」と表記されることも。ベランダや廊下など、室外にあることも多い。防犯上室内のほうが安心。

K … キッチン

○はコンロの数を表す。○が1つなら1口コンロ、○が2つなら2口コンロ。

冷 … 冷蔵庫置き場

「R」と表記されることも。どこにも表記がない場合は、専用のスペースがないか、表記もれのこともあるのでよく確認を。

洋 … 洋室

洋室は「洋」と表記され、フローリングやカーペット、クッションフロアに。和室は「和」で、畳が敷かれた部屋を表す。数字は畳数を表す。1畳=約1.62㎡が一般的。

N 方位

方角を表す。Nが北を示しているので、この物件の場合はベランダ側が南に。

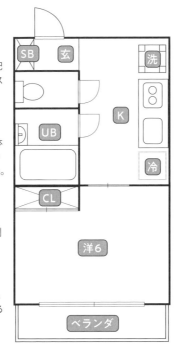

知っておきたい不動産用語

用語	内容
オンライン内見	オンラインツールを使って不動産会社の担当者が物件を見せてくれる。遠方に住んでいて直接現地に行けない場合におすすめ。
IT重説	重要事項説明（▶P.31）をビデオ通話で行うこと。事前に重要事項説明書と賃貸借契約書を送ってもらい、説明を受けたあと、納得すれば契約書を返送して契約成立となる。
フリーレント	入居後、一定期間だけ家賃が無料になる契約形態のこと。無料期間は1〜3か月が一般的。無料期間が終われば通常通り家賃を払って住む。
インターネット完備	部屋まで回線がつながっていて、入居後すぐに使える状態。物件自体でプロバイダ契約をしているので、好きなプロバイダを使いたいときは、オーナーの許可を得て工事が必要。
インターネット対応	物件の共有スペースまでインターネットの回線工事が済んでいる状態。プロバイダはその回線に対応しているところから選択し契約をする。
メゾネット	1部屋が2階以上で構成された物件。ひとり暮らし向けだと1階は玄関のみで、2階部分に部屋やバス・トイレなどがある造りが多い。

不動産会社の選び方

ネットでいい物件を見つけたら、その物件を取り扱う不動産会社に
連絡してみましょう。

賃貸物件の場合、一般的には不動産会社を通して借ります。いい部屋を見つけるには、いい不動産会社に出会うことが近道です。

不動産会社には、大手不動産会社と地域密着型不動産会社があります。大手は情報量が多く、広範囲で探せるので、土地勘のない遠方への引越しにも便利です。引越す地域が決まっているなら、地域密着型の不動産会社もおすすめ。ほかでは扱っていない物件に出会えることも。不動産広告などに記載されている不動産会社の情報や、実際のやり取りも参考に見極めましょう。

見極め① 不動産会社の情報を読み解く

チェック1 免許番号を確認

不動産の売買や仲介を行うには宅地建物取引業の免許が必要。その免許番号が不動産広告に記載されていたり、店舗に掲げられたりしているので確認しよう。免許の更新は5年ごとで、（　）内の数字が更新回数を表す。数字が大きいほど営業歴が長く経験豊富。

店舗情報	
○○不動産株式会社　　○○店 〒000-0000　○○県○市○町 123 TEL　00 - 0000 - 0000 営業時間　9:00 ～ 18:00	
免許番号	○○県知事（2） 第 00000 号
取引態様	仲介

チェック2 取引態様を確認

不動産会社がその物件に対してどのように関わっているかを示すもので、「貸主」「代理」「仲介（媒介）」の3種類がある。貸主から部屋を借りる場合は、仲介手数料が不要。

貸主…物件の持ち主。自社で所有する物件を管理。

代理…貸主の代理人という立場で契約を結ぶ。

仲介（媒介）…貸主と借主の間に立ち、取引を行う。

チェック3 NGワードに注意

不動産広告には、法律で使用を禁止されているワードがある。これは誇大広告を防ぐためのもの。広告に以下のような言葉がある不動産会社は信頼性が薄いかも。

日本一、業界一、最高級、特選、破格

見極め② メールや電話で問いあわせる

　気になる物件があったら、サイトの問いあわせページやメール、電話で連絡をしてみて。問いあわせをする際は、気になっている物件名とこちらの要望を明確に伝えよう。それに対する不動産会社の対応で相性のよしあしも見ることができる。

問いあわせメールの例

件名／物件についてのご質問

○○不動産　ご担当者様

初めてご連絡します山田と申します。
貴社サイトに掲載されていた以下の物件について教えてください。
【物件】
・○○マンション　○号室
・○○ハイツ
【質問】
・3月の引越しを考えております。2月中に内見は可能ですか。
・写真では暗く見えましたが、日当たりはいいでしょうか。
また、上記以外にも家賃7万円程度、○○駅周辺の物件がありましたらご紹介いただけると助かります。
よろしくお願いいたします。

山田○○（フルネーム）
090-0000-0000（17時以降にお願いします）

こんな対応の不動産会社なら信用できそう！

いいね

- ☐ 内見前の相談にもていねいに対応してくれる
- ☐ 希望の物件をいくつか紹介してくれる
- ☐ 物件のデメリットも教えてくれる

こんな対応の不動産会社には要注意！

NG

- ☐ 質問やお願いに応えてくれない
- ☐ 特定の物件ばかりすすめる
- ☐ 来店をせかす

イヤだなと感じるところはやめておこう

06 不動産会社を訪問しよう

実際に見てみたい物件が決まったら、不動産会社を訪れます。
不動産会社での流れとコミュニケーション術を知っておきましょう。

不動産会社を訪問する際は、事前に連絡をし、内見をしたい物件や希望条件をある程度しぼり込んだうえで予約をとり、訪問するのが効率的です。また、訪問時はこちらが不動産会社を見極めるのも大切ですが、不動産会社のほうも「部屋を紹介して大丈夫な人物か」をチェックしていることを忘れないようにしましょう。清潔感のある装いで、希望などは具体的にはっきり伝えること。また、約束の時間は必ず守るようにしましょう。

不動産会社での流れ

1 訪問の予約をする

混雑を避けるなら平日、休日なら早い時間の予約がおすすめ。見たい物件が決まっているなら現地集合でも。恋人や友人の同行者がいると同棲・同居を疑われるので、同行者は家族・親族がベスト。

2 訪問・内見

不動産会社で物件情報を確認後、実際に物件を見に行こう。間取り図だけで決めず、必ず内見もして。

内見のポイント ▶ P.24

3 申し込み・契約

内見をして住みたい部屋が決まったら、物件の申し込みを行う。その後、入居審査に通ったら、後日契約へ。

物件の申し込みと入居審査 ▶ P.28

契約の流れ ▶ P.30

そのまま内見もOK！な
訪問スタイル

身だしなみを整えて
信用度アップ！

同行者は家族が◎

スマホ、メジャー、
筆記用具は必須

動きやすい
服で

脱ぎ履きしやすい靴が◎
ブーツNG！　靴下必須！

不動産会社との
コミュニケーションのコツ

コツ1　ていねいな言葉で希望をはっきりと

マナーがない人に部屋を貸したいとは思わないもの。自分の希望をはっきりさせ、ていねいに伝えよう。すすめられた物件を断るときもきちんと理由を伝えて。

コツ2　不安要素を先に伝えておく

「帰宅が夜遅くなる」「連帯保証人を立てられない」など、こちらの都合も正直に伝え、それを踏まえた物件を探してもらおう。隠しておくとあとでトラブルになることも。

コツ3　疑問は何でも聞いてみる

疑問に思ったことや心配なことがあれば、率直に質問してみて。すべてが希望通りになるわけではないけれど、伝えればフォローしてくれることもあるはず。

不動産会社のQ&A

Q　「おとり物件」て本当にある？

A　不動産会社へ足を運ばせるために条件のいい物件をネットや広告に載せるケースは、残念ながら存在するようです。同じような立地や条件の物件と比べ、あまりにも好条件なら要注意です。

Q　「手付金」て必要なの？

A　不動産会社でお金の支払いが必要になるのは契約時と、気に入った部屋をおさえておくための「申込金」（▶P.28）を支払うときのみです。それ以外で、例えば部屋を内見するのにお金がかかることはありません。

Q　家賃の交渉はできるの？

A　もちろん可能です。不動産会社が「貸主」である場合は交渉しやすいでしょう。「代理」「仲介」の場合は、不動産会社に大家さんを説得してもらうことになります。家賃が下がらなくても、代わりに敷金や礼金を下げる、エアコンなどの設備を新調するといった対応をしてくれることもあるので、遠慮せずに交渉してみましょう。ただし、1〜3月の繁忙期は難しいことも。しつこく交渉するのもNG！

ダメ元で聞いてみよう！

内見のポイント

内見では確認しておきたいことがたくさん！
ポイントをおさえてチェックしていきましょう。

内見は、部屋の明るさやにおい、窓からの風景など、間取り図ではわからない情報を確認できるので、必ず行いましょう。実際に住むことを想定し、細部までチェックすることが後々のトラブル回避になります。歪みや破損がないか、携帯電話の電波状況はいいか、必要な家具が置けるスペースがあるか、さらに部屋以外の共有スペースや周辺環境も確認を。あとでほかの物件と比較検討がしやすいように、スマートフォンで写真や動画を撮っておきましょう。また、可能なら昼間と夜、両方の様子を確認したいもの。内見とは別の時間帯に物件周辺を歩いてみるのもいいでしょう。

内見時の必須アイテム

☐ スマートフォン

写真を撮ったり、駅からの時間を計ったり、床の歪みを調べるのにも利用可能。

☐ メジャー

ひとりで計測しやすい金属製で3m以上のものがおすすめ。

☐ 筆記用具

はかったサイズなどを間取り図にメモするのに必要。

アドバイス

内見の合間に前の入居者のことも聞いてみよう

前にどんな人が住んでいたのか、入居期間や退去理由などからもその物件の情報を得ることができます。内見に行く道すがらや内見の合間などに、不動産会社の担当の方に聞いてみましょう。

前はどんな方が住んでいましたか？

▶▶学生向きか、社会人向きかなどがわかる

どれくらいの期間住んでいましたか？

▶▶入居期間が長ければ居心地がいいのかも

退去理由は？

▶▶近隣トラブルなどが確認できることも

内見チェック① ▶ 部屋の歪みやサイズを確認

☐ 床は歪んでいない?

築年数が古い物件は床が歪んでいる可能性も。見ただけではわからないので、ビー玉を置いて転がるか確認してみよう。床の角度や勾配を計測できるスマートフォンのアプリを活用しても。

☐ 必要な家具が入る?

家具を置くスペースのほか、玄関ドアや室内のドアを通過できるか、各所のサイズをはかってメモをしておきましょう。カーテンを用意するために窓のサイズをはかるのも忘れずに。

ここのサイズをはかっておこう!

窓

窓の縦横のサイズ、カーテンレールの種類を確認。

家具・家電置き場

いちばん広い壁の横サイズをはかり、家具が置けるスペースを確認。

玄関

玄関ドアの縦横のサイズ、玄関のたたきの幅もはかる。

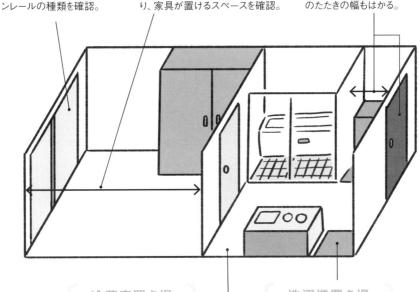

冷蔵庫置き場

冷蔵庫置き場の縦横のサイズをはかる。扉を開くのに必要なスペースも考慮して。

洗濯機置き場

洗濯機置き場の縦横のサイズをはかる。洗濯機を購入する際の参考に。

内見チェック② 室内の確認ポイント

全体のこと

- ☐ 携帯電話の電波状況
- ☐ 電気容量
- ☐ 傷・汚れ
- ☐ カビ・におい
- ☐ 日当たり

ひとり暮らしなら
電気容量は20A
が目安だよ

玄関

- ☐ 扉の開閉
- ☐ インターホンの機能
- ☐ ドアチェーンの有無
- ☐ 靴箱の有無
- ☐ たたきからの室内の見え方

ベランダ

- ☐ 広さ
- ☐ 避難経路
- ☐ 侵入されにくいか

洗濯物や布団は
どこに干すかも
考えてみて

キッチン

- ☐ コンロの種類（ガス or IH）
- ☐ コンロの数
- ☐ 調理スペースの有無
- ☐ 収納の有無

バス・トイレ

- ☐ シャワー・追い炊き機能の有無
- ☐ 排水状態
- ☐ 換気扇の動作
- ☐ 脱衣所の有無

部屋

- ☐ 照明器具の有無
- ☐ エアコンの有無・動作
- ☐ 電話とテレビ端子の位置
- ☐ コンセントの数・位置
- ☐ 収納の有無
- ☐ 窓のたてつけ
- ☐ 風通し
- ☐ 壁の厚さ
- ☐ 窓からの風景

ドアや窓の開け
閉めをして
音の伝わり方を
確認してみよう

内見チェック③ ▶ ## 共有スペース・周辺環境の確認ポイント

(室外・共有スペース)

- ☐ エレベーターの有無
- ☐ 自転車置き場・駐車場の有無
- ☐ 外壁の汚れ・ひび割れ
- ☐ 共有スペースの汚れ・ゴミ
- ☐ 廊下に荷物が置かれていないか
- ☐ 郵便受けの安全性
- ☐ ゴミ置き場の場所・清潔感
- ☐ 防犯カメラの有無
- ☐ 掲示板の内容
- ☐ 外からの部屋の見え方

部屋の中が外から見えやすくないかチェック！

夜は静かに！

掲示板から住人たちの雰囲気がわかることも

夜の道も歩いてみよう

コンビニやスーパーで住民の雰囲気をチェック！

(周辺環境)

- ☐ 駅からの所要時間
- ☐ バスの運行頻度・時間
- ☐ 駅近くの駐輪場・駐車場
- ☐ コンビニやスーパーまでの距離
- ☐ 郵便局・銀行・病院・交番の場所
- ☐ 人通りの多さ
- ☐ 騒音
- ☐ 街灯の有無

物件の申し込みと入居審査

住みたい物件が見つかったら、すぐに契約……ではなく、
契約の前に「申し込み」をして、審査を受けます。

　住みたい部屋が見つかったら、入居の申し込みを行いましょう。これはまだ契約ではなく、入居の意思を示すもの。「入居申込書」に必要事項を記入し提出、それをもとに貸主が、支払い能力があるかなどを含め、部屋を貸しても大丈夫な人物かを審査します。

　契約前なので、申し込み後でもキャンセルは可能です。ただ、軽い気持ちで申し込んだりキャンセルしたりを繰り返していると、信用度が落ちることも。疑問や不安は解消してから申し込みをしましょう。申し込み時には申込金を支払う場合がありますが、このお金は契約成立となれば初期費用に割り当てられ、キャンセルとなれば返金されます。

入居の申し込みに必要なもの

☐ 入居申込書

入居の意思が固まったら不動産会社に伝え、
入居申込書を用意してもらう。

☐ 本人確認書類

健康保険証、運転免許証、パスポート、マイナンバーカードなどを用意。

☐ 申込金

1万円〜家賃1か月分程度。不動産会社によっては必要ないことも。

そのほかにこんなものも
必要になるかも

【学生の場合】

☐ 学生証または合格通知書

☐ 保護者の収入証明

気をつけよう

**申込金を支払ったら
必ず「預かり証」をもらおう**

申込金はキャンセル時には全額返金されるもの。返金されないといったトラブルを防ぐために、支払う際には必ず、金額と日付、不動産会社とその担当者名の記載がある「預かり証」を発行してもらいましょう。「領収書」では効力がないので、必ず「預かり証」であることを確認して。

「領収書」じゃ
ダメだよ！

【新社会人の場合】

☐ 内定通知書

☐ 連帯保証人の納税証明書

連帯保証人や
勤務先に電話確認が
入ることも

入居申込書に記入することは?

部屋を借りる本人の情報のほかに、連帯保証人についての情報も必要。申し込みをする際には連帯保証人を決めておこう。また、印象をよくするためにも、ていねいな字で記入を。

入居審査とは?

支払い能力があるかなどを、貸主が審査すること。申し込み内容に嘘があれば当然発覚し、信用度が落ちるので、虚偽申告はNG。審査には3〜7日程度かかる。

【本人の情報】
・氏名、生年月日、年齢
・住所(本人確認書類と同じ住所)
・電話番号
・勤務通学先情報(名称、住所、電話番号)
・勤続年数
・年収
【連帯保証人の情報】
・氏名、生年月日、年齢、契約者との続柄
・住所(印鑑証明と同じ住所)
・電話番号
・勤務先情報、勤続年数、年収

信用できる?　　家賃払える?

申し込み時に確認すること

入居審査に通ればいよいよ契約。今後の予定や契約時に必要なものなどを確認して、審査中に準備しておこう。

【確認事項】

☐ 今後のスケジュール
　(契約日、入居日の目安)

☐ 契約時に必要な書類

☐ 契約時、連帯保証人の
　立ち会いは必要か

覚えておこう

連帯保証人とは

借主が家賃を滞納したときなど、代わりに支払い義務が生じる人のこと。収入のある成人であることが条件です。家族や親族にお願いする人が多いのですが、高齢だと審査に通らないことも。連帯保証人が立てられない場合は、保証会社を利用しましょう。保証会社は指定されることが多いので確認を。

契約の流れ

入居審査に通れば、いよいよ契約！
その流れと確認しておくべきことを知っておきましょう。

　賃貸の契約では、最初に「重要事項説明」が行われます。これは契約後に「話が違う！」ということにならないよう、契約の内容や物件の注意事項について説明を受けることであり、法律で義務づけられた手続きです。重要事項説明を受けたあと、納得できれば契約という流れになります。この手順を踏んでいる以上、あとで「知らなかった」と言っても通用しません。事前に重要事項説明書と契約書のコピーをもらい、しっかり確認しましょう。

　また、契約時にはさまざまな書類が必要になります。以下に例をあげましたが、物件により異なるので、不動産会社によく確認しておきましょう。

契約時に*必要なもの*

□ 印鑑

契約書に捺印するもの。

□ 本人確認書類

運転免許証、健康保険証、パスポートなど。

□ 初期費用

敷金、礼金、前家賃など（▶P.13）。事前に振り込みをした場合はその明細。

□ 金融機関口座の通帳と届出印

家賃が自動引き落としの場合。

□ 必要書類

取得に時間がかかるものもあるので、早めに準備を。

必要書類の例

書類	必要数	備考
住民票	□ 本人 □ 連帯保証人	入居者本人だけが必要な場合も。マイナンバーの記載がないものを用意。
印鑑証明	□ 本人 □ 連帯保証人	基本的に連帯保証人は必要となる。保証会社を利用する場合は必要ない。
収入証明	□ 本人 □ 連帯保証人	源泉徴収票、確定申告書など。入居者本人、連帯保証人ともに必要となる。
連帯保証人の許諾書	□ 連帯保証人	連帯保証人の保証意志を確認する書類。署名捺印が必要となる。

契約の流れと確認事項

きちんと
聞いておこう！

1 重要事項説明

不動産会社の宅地建物取引士が説明を読み上げる。内容をよく把握し、不明な点は遠慮なく聞くようにしよう。トラブル回避のため説明を録音するのもおすすめ。録音する際はその旨を伝えて。

↓

2 賃貸借契約書に署名捺印

重要事項説明のあとに賃貸借契約書の説明がある。賃貸借契約書には契約条件がすべて記載されているので、よく確認し、納得できれば署名捺印をして契約成立となる。

↓

3 初期費用の支払い、カギの受け取り

初期費用の支払いをする。領収書や契約書の控えは忘れずにもらい、きちんと保管しておこう。契約と支払いが済めばカギが渡され、部屋に入れるように。

しっかり確認したいポイント

☐ **トラブル時の連絡先と対応**

設備の故障やカギの紛失などのトラブルがあったときはどうしたらいいのか、また緊急時の連絡先も聞いておこう。

☐ **家賃支払い日と方法**

家賃、共益費、管理費の金額を最終確認。支払い方法と支払い日、また支払い日が休日の場合の支払い日も確認を。

☐ **更新時の条件**

更新期間や更新料、家賃の値上げがあるかどうかも確認しておくと安心。

☐ **退去時の条件**

退去届をいつまでに、どこに出すかを確認。月途中の退去の場合の家賃の支払い方法、原状回復の負担も具体的に確認を。

☐ **禁止事項**

ペットの飼育や石油ストーブの使用を禁止するなど、物件によって禁止事項はさまざま。意外な注意事項があることも。よくチェックを。

納得できなかったら
契約しなくてもいいんだよ

初期費用トータルいくら？

部屋の契約時にかかるお金から引越し代まで、
ひとり暮らしを始めるには、いったいいくら必要なのでしょうか。

ひとり暮らしを始める際にかかるのは、部屋の契約にかかる金額だけではありません。下記のシミュレーションのように、契約時の費用のほか、引越し代、家具・家電購入費、生活用品購入費が主にかかります。ざっと考えても50万円以上は必要で、さらに言えば、次の収入が入るまでの生活費＋翌月の家賃くらいは予備がないと安心できません。

一度にたくさんのお金が必要になるので、具体的にかかる金額をきちんと計算したうえで、無理のない範囲で引越し準備を進めていきましょう。

初期費用シミュレーション ▶▶▶▶▶▶

家賃6万円
（共益費、管理費込み）
で計算してみたよ

食器や掃除道具など
最初は多くかかるよ

契約時の費用は
家賃の約5倍！

引越し代は荷物の
量や距離、時期に
よってだいぶ変わるよ

項目		金額
契約時の費用	敷金（1か月）	60,000円
	礼金（1か月）	60,000円
	仲介手数料	60,000円
	前家賃	60,000円
	火災保険料	20,000円
	保証会社利用料	60,000円
	引越し代	50,000円
	家具・家電	100,000円
	生活用品	50,000円
合計		520,000円

初期費用を抑える方法

家賃を抑えるだけでなく、お得物件、お得期間を活用してみるのも手です。

① **ゼロゼロ物件を選ぶ**

敷金ゼロ、礼金ゼロの物件なら、初期費用はかなり抑えられます。ただ、退去時には部屋のクリーニング代などがかかる可能性があることを覚えておきましょう。

② **フリーレント物件を選ぶ**

家賃が一定期間ゼロになる物件もかなりお得です。ただし、数がそれほど多くはないので、希望の地域にフリーレント物件があるとは限りません。

③ **引越し時期をずらす**

引越し業界の繁忙期である春と秋は、引越し業者の費用が高くなるし、家賃交渉もしづらい時期です。繁忙期を避ければ引越し費用が半額になることもあるので、よく考えて。

自分の初期費用を計算してみよう

項目		金額
契約時の費用	敷金（1か月）	円
	礼金（1か月）	円
	仲介手数料	円
	前家賃	円
	火災保険料	円
	保証会社利用料	円
引越し代		円
家具・家電		円
生活用品		円
合計		円

\ ひとり暮らし経験者に聞いた！/

こだわりたい・妥協できる
部屋の条件

部屋探しはどこにこだわるべき……？
こだわるポイントと妥協してもいいポイント、経験者の意見を参考にしましょう。

こだわりたい

バス・トイレ別

ゆっくり湯船につかれるのがいい！ユニットバスはお風呂の湯気でトイレに結露ができて困った。

駅から近いところ

駅近で、線路沿いではない場所にこだわった！ 線路沿いは電車の音が気になってストレスに！

部屋の階数

1階は寒いし防犯面でも心配だから、必ず2階以上。3階以上なら虫が出にくいという利点も。

日当たり

日中に日が当たると、室内でも洗濯物が乾くし、部屋も暖かい！

コンロの種類と数

自炊するなら、ガスコンロで2口以上がおすすめ！ IHは火の通り方が均一じゃないから、難しかった。

妥協できる

オートロック

まわりの治安にもよるけど、オートロックなしでも意外と気にならない。家賃も安くなるよ。

新築

新築じゃなくても入居前にはクリーニングが入るからキレイ。ただ、1981年以前の建物は耐震基準が古いから、それ以降の物件がいいかも。

最寄り駅

都会は駅と駅の距離が近いので、希望の駅から1～2駅離れた駅の近くで物件を探しても苦にならないよ。かえって家賃が安く、静かな環境でよかった！

ベランダ

洗濯物や布団を干すのに必須と思っていたけど、洗濯物は防犯上、室内干し。布団も布団乾燥機を使ったほうが便利だった。

角部屋

日当たりがいい、生活音が気にならないなどの利点はあるけど、家賃を安くしたいなら妥協してもいい条件かも。

やることは
いっぱいだよ！

忘れものは
ないかな？

\ part /

2

引越し

新居と入居日が決まれば、
いよいよ引越しです。
荷造りはもちろん、入居前や
入居後の手続きも多岐に渡ります。
やるべきことを整理して、
あわてずにひとつずつ
クリアしていきましょう！

01 引越しの方法とスケジュール

入居日が決まったら、すぐ引越しの準備を始めましょう。3月などは業者の繁忙期で窓口も混みあいます。スケジュールは早めに決めて。

引越しは、荷物の準備以外にも、ライフラインの手続きや行政への届出など、短期間でやるべきことがたくさんあります。自分がいつまでに何をすべきか、スケジュールをしっかり立てて着実に進めていきましょう。

まずは引越しの方法を決め、引越し日が確定すると、ほかのスケジュールも組みやすくなります。業者を利用するなら、早く予約をしないと予定日に引越しできないことも。また、繁忙期や休日は金額が高くなるので注意を。安く請け負ってくれる業者を不動産会社に聞くのも一案です。

引越し前後にやることリスト＆スケジュール

やること	4週間前	3週間前	2週間前	1週間前	入居日	1週間後	2週間後
引越しの方法を決める ▶ P.37	→→	→					
業者に見積もりをとる・プランを決める	→→	→					
ライフラインの手続き ▶ P.38	→→→→	→	→	→			
自治体での手続き ▶ P.39、40	→→→→	→	→	→		→	→→
必要なものを買う ▶ P.42、50	→→→→	→	→	→	→		
梱包材の準備 ▶ P.43	→→→	→	→				
荷造り ▶ P.42	→→→→	→	→	→	→		
部屋のレイアウトを考える ▶ P.44、54	→→→	→	→				
引越しのあいさつ ▶ P.44	→→→→	→	→	→	→	→	
住所変更などの手続き ▶ P.41	→→→→	→	→	→	→	→	→→

引越しの方法を決める

引越しの方法は
主に4つあるよ！

方法1 自分で運ぶ

距離　近　遠
荷物　少　多
料金　少　多

運ぶ荷物が少なく近距離なら、自分の車（または
レンタカー）での引越しが可能。低コストでスケ
ジュールも自由に組めるが、労力は必要。家族や
友人などに手伝ってもらおう。

方法2 宅配業者を利用

距離　近　遠
荷物　少　多
料金　少　多

家具や家電を買い揃える場合、購入物を店から新
居に送れば運ぶ荷物は少なくなるので、宅配便で
十分なことも。単身引越しパックなどを利用すれば、
お得に運ぶことが可能。

方法3 軽貨物運送業者を利用

距離　近　遠
荷物　少　多
料金　少　多

軽トラック（積載量350kg）での移動で、スタッフ
はドライバー1名が基本。近距離ならリーズナブ
ルだが、距離や時間によってプラス料金がかかる
ことも。家具を運ぶ場合は、一緒に作業を。

方法4 引越し業者を利用

距離　近　遠
荷物　少　多
料金　少　多

大きな家具・家電があったり、引越し先が遠かった
りする場合は、専門の引越し業者にお願いするの
が安心。まずは見積もりをとり、プランや価格を決
めよう。利用したい場合は、早めに連絡を。

覚えておこう

見積もりは2〜3社を比較

引越し業者では、家に訪問し、荷物の量を
確認したうえで見積もりを出してくれます。
1社だけでは相場がわからないので、複数
の業者から見積もりをとって比較検討をしま
しょう。サービス内容も一緒に確認を。

[確認したいこと]

☐ 料金の詳細と支払い方法

☐ 梱包材は準備してくれる？

☐ 段ボール箱は準備してくれる？　引き取ってくれる？

☐ 自転車・バイクは運んでくれる？

☐ 荷物破損の保証について

入居前に行う手続き

新居に移る前にやっておきたい手続きはたくさんあります。
1つずつチェックし、もれのないようにしましょう。

ガス、水道、電気は、入居日から使えないと不便です。余裕をもって入居の2週間前を目安に申し込みを。インターネットは、物件により接続方法や回線状況が異なります。不動産会社に確認してから必要な手続きを。

インターネットの回線工事やプロバイダ契約は時間がかかるので、手続きは早めに。

転出届など、市区町村役場で行う必要のある手続きはいくつかあります。自分に必要な手続きを把握し、まとめて行えるといいですね。

ライフラインの手続き

部屋の契約後、
すぐ連絡を

手続き	方法
☐ 電話・インターネット接続 **契約後すぐ！**	各会社に申し込む。インターネットの開通工事が必要な場合は、工事まで2〜4週間かかるので、部屋が決まり次第すぐ申し込みを。必要に応じてプロバイダ契約もする。
☐ ガス **入居の2週間前までに！**	指定の業者または管轄のガス会社に連絡。ガスの開栓には立ち会いが必要なので、立ち会い日の予約を早めに行う。
☐ 水道	新居の管轄の水道局に申し込む。物件によっては水道の開栓に立ち会いが必要だったり、建物全体で水道局と契約していたりするので、契約時に確認を。
☐ 電気	引越し先の電力会社に電話、もしくはインターネットで使用開始の申し込みをする。トラブルを防ぐためには早めに申し込みを。

先輩 voice

 ライフラインの契約をするのが遅くなってしまい、引越してから3日間、お湯が出なかった……。

 夏場の引越しで、まだ電気が部屋に通っていないのに搬入をしてしまい、暑くて死にかけた。気をつけて！

 郵便物の転送手続きを忘れていた。引越してから1か月後に気づき、請求書を再発行してもらうなどの面倒があった。

市区町村役場での手続き

引越しの2週間前から手続きできるよ

手続き	方法・内容
☐ 転出届	**持参するもの** 印鑑、本人確認書類 市区町村が変わる場合は住民票の異動が必要。転居前の市区町村役場で転出届を提出し、転出証明書を発行してもらう。
☐ 印鑑登録の廃止	**持参するもの** 登録している印鑑、印鑑登録証、本人確認書類 印鑑登録していて、市区町村が変わる場合は廃止手続きを行う。自治体によっては、転出届を出せば印鑑登録廃止の手続きが行われることも。
☐ 国民健康保険の資格喪失手続き	**持参するもの** 保険証、印鑑、本人確認書類 国民健康保険の加入者で市区町村が変わる場合、保険証を返却する。保険証が手元になくても転出日までは保険利用可。
☐ 原付自転車の廃車手続き	**持参するもの** 印鑑、標識交付証明書、ナンバープレート 市区町村が変わる場合、ナンバープレートを返却し「廃車申告受付書」をもらう。

＊自治体により異なる場合があります。

その他の手続き

やっておくと安心！

手続き	方法・内容
☐ 郵便物の転送手続き	郵便局またはインターネットなどで行う。転居届を記入して提出すれば、届出日から1年間は新住所に郵便物を転送してくれる。
☐ 銀行・郵便局の口座の住所変更	銀行や郵便局の窓口またはインターネットで行う。受けつけが窓口のみの場合もあるので、引越し前の手続きが安心。

覚えておこう

「転出届」はマイナポータルからでもOK

「転出届」の提出は、マイナンバーカードまたはスマホ用電子証明書があれば、マイナポータルからオンラインで手続きが可能。ほかに市区町村役場での手続きがなければ、来庁する手間が省けます。ただし、「転入届（転居届）」は、来庁が必要です。

対応していない自治体もあるから、先にチェックしておこう！

03 入居後に行う手続き

引越し先で行わないといけない手続きもたくさんあります。
手続きする場所別にまとめたので、効率よく行いましょう。

　引越し後、最初に行いたいのが住民票の異動。引越し前に「転出届」の手続きを行っていれば、引越し後は新住所の市区町村役場で「転入届」を提出して、住民票の異動は完了です。引越し後14日以内という期限があり、遅れると罰則を科されることもあるので、早めに手続きを行いましょう。

　また、さまざまな住所変更を行うには新しい住民票が必要です。まずは転入届の手続きをしてから、住民票を取得し、ほかの住所変更の手続きを行いましょう。

市区町村役場での手続き

引越し後
14日以内に
ヨロシク！

手続き	方法・内容
☐ 転入届	**必要なもの** 転出証明書、印鑑、本人確認書類 転出届を出したときに発行された「転出証明書」を提出し、転入手続きを行う。同じ市区町村内で引越したときは、転居届を出す。
☐ マイナンバーカードの住所変更	**必要なもの** マイナンバーカード、本人確認書類、印鑑 マイナンバーカードの裏面に新住所を書き込んでもらう。また、転出により署名用電子証明書が失効しているので、発行してもらう。
☐ 印鑑登録	**必要なもの** 登録する印鑑、本人確認書類 今まで印鑑登録をしてきた人で市区町村が変わった場合は新たに登録。
☐ 国民健康保険の加入手続き	**必要なもの** 印鑑、本人確認書類 加入者で、市区町村が変わらない場合は住所変更のみ、市区町村が変わる場合は加入手続きを行い、新しい保険証を受けとる。
☐ 国民年金の住所変更	**必要なもの** 国民年金手帳、印鑑、本人確認書類 国民年金の「第1号被保険者」は窓口に行き、住所変更を行う。ただし、日本年金機構にマイナンバーが収録されている場合は、住所変更は必要ない。
☐ 原付自転車の登録手続き	**必要なもの** 印鑑、廃車申告受付書、本人確認書類、住民票 「廃車申告受付書」を提出。新しいナンバープレートが発行される。

＊自治体により異なる場合があります。

警察署・運転免許試験場での手続き

引越し後すぐに！

手続き	方法・内容
☐ 運転免許証の住所変更	必要なもの 運転免許証、新住所がわかるもの、印鑑 転居先の管轄の警察署や運転免許センター、運転免許試験場などで手続きを行う。申請用の写真が必要な場合も。
☐ 車庫証明の申請	必要なもの 保管場所使用承諾証明書または賃貸借契約書、運転免許証 申請時に記入する書類もあるので、車検証なども準備して。

運輸支局での手続き

引越し後15日以内に

手続き	方法・内容
☐ 軽二輪車の登録変更	必要なもの ナンバープレート、届出済証、住民票、自賠責保険証明書、印鑑 申請書を購入し提出。新しいナンバープレートを発行してもらう。
☐ 自動車・大型二輪車の住所変更	必要なもの 車検証、車庫証明、住民票、印鑑、ナンバープレート（大型二輪車の場合） 引越しで管轄の運輸支局が変わる場合、ナンバープレートを交換することも。登録車の持ち込みが必要な場合もある。

その他住所変更の手続き

早めにやろう！

手続き	方法・内容
☐ 携帯電話・スマートフォン	各店舗またはインターネットで手続き。重要な書類が旧住所に届くことのないよう、引越し後なるべく早めに手続きを。
☐ 各種保険	各保険会社のサイトで手続き可能。担当者に連絡しても。
☐ クレジットカード	各カード会社のサイトや電話で問いあわせる。
☐ 社会保険 （厚生年金保険・健康保険）	会社員や家族の扶養に入っている人は、勤務先の担当部署に問いあわせる。

04 荷物の準備

引越しに伴う手続きの合間を縫って、荷物の準備も進めましょう。
シーズンオフの服や本など、すぐに使わないものから荷造りを。

引越しの荷物は、大きく4つに分けられます。①家から持っていくもの、②購入して持っていくもの、③入居後に購入するもの、④引越し当日に手持ちするもの。最初に分類をし、あとから買うもの、荷造りするものをはっきりさせると、準備がしやすくなります。

引越しの荷物は多くなるほど料金がかかるので、金額のバランスを見て、持っていくものと入居後に購入するものを考えましょう。ただ、入居後に購入できるものでも、すぐ使うもの（トイレットペーパーなど）は、先に購入してほかの荷物と一緒に運ぶほうが安心です。

荷物分類の例

新居で必要になる荷物を以下のように4つに分類。「家から持っていくもの」と「購入して持っていくもの」を荷造りします。

①家から持っていくもの

- テレビ、テーブル
- 服、靴、バッグ
- ハンガー
- 本
- タオル、洗面用具
- 掃除用具

②購入して持っていくもの

- カーテン
- 照明
- 寝具
- トイレットペーパーなど生活用品

①と②はどんどん荷造りしていこう！

③入居後に購入するもの

- 洗濯機
- 冷蔵庫
- 食器、調理道具

④引越し当日に手持ちするもの

- ノートパソコン
- 通帳など貴重品

洗濯機、冷蔵庫は事前に購入して、入居後新居に送ってもらうように手配してもいいね

荷造りのコツ

準備するもの

段ボール箱（大小を準備）

大　服やバッグなど
軽いものを入れる。

小　食器や本など重い
ものを入れる。

新聞紙・緩衝材

食器などの割れ物を包んだり、箱内
のすき間を埋めるのに使用。

ガムテープ・養生テープ

しっかりとめられるガムテープと、はが
しやすい養生テープ、両方あると便利。
このほか、ペン、はさみ、カッターなど。

テレビ・家具

テレビなど衝撃に弱いものは、
購入時の箱を使うか、段ボール
と緩衝材で梱包を。引き出しの
ある家具は、引き出しをテープで
とめる。

服など

大きい段ボール箱に、夏物、冬
物など、種類分けして入れる。
段ボール箱の側面には収納す
る場所と中身を書いておくと、
荷ほどきのときに整理しやすい。

食器

食器類は新聞紙や緩
衝材で包んでから、段
ボール箱内に入れる。
タオルですき間を埋め
てもOK。

衣装ケースに服を入れて運んで
も。その場合、養生テープに収
納場所を書いて貼っておこう。

すぐ使うもの

引越し直前、直後に使うものは、
1つの段ボール箱にまとめて入れ
ておく。トイレットペーパー、ティッ
シュペーパー（各1つずつ）、手袋、
紙皿、紙コップ、タオル、洗面道
具、その日に使う着替えなど。

本

本は重いので、小さい
段ボール箱にまとめる。

05 引越し前にやりたいこと

引越し当日の作業をスムーズに進めるため、
事前にやっておきたいことが3つあります。

①新居での家具の配置決め、②ご近所トラブルを防ぐための引越しのあいさつ、③新居の掃除と傷や汚れのチェック、この3つはできれば引越し日の前日までに済ませておきたいものです。引越し当日は忙しく、時間がとれないことも多いので、別日に時間を作って行うのがベストです。

引越し先が遠方で事前に訪れることが難しい場合は、荷物を搬入する前に近所へのあいさつと新居の掃除&チェックを行う時間がとれるよう、スケジュールを組むといいでしょう。

家具の配置を考える

引越し作業は段取りが大切。事前に家具の配置を考え、運んでもらう場所を決めておこう。荷造り前に大まかな配置を決め、それぞれの荷物に配置場所を記しておけば、よりスムーズ。

202号室に入ります
●●です。本日、引越し
作業でうるさくして
しまいますが、よろしく
お願いいたします。

近所へのあいさつ

事前に引越しのあいさつとともに、荷物搬入の日時を伝えておくと親切。あいさつをするのは、両隣と上下階の部屋が一般的だが、女性の場合は防犯上あいさつをしないケースも。ほかの人がどうしているのか、管理会社や大屋さんに確認してみよう。

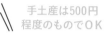
手土産は500円
程度のものでOK

新築物件で
一斉に入居するなら
あいさつしなくてOK

新居の掃除＆チェック

\\ 掃除＆荷物整理の道具は //
\\ 自分で持っていこう //

新築物件であっても、汚れはたまっているもの。荷物搬入前にはさっとふき掃除をしよう。また、掃除をしながら、傷や汚れ、不具合がないか最終チェックを。気になったところは写真に残しておくことも大切。引越し業者とのトラブルや退去時のトラブルの回避にもつながるので、必ず行って。

新居のチェックポイント

- □ 壁に汚れ、釘穴、クロスのはがれはないか
- □ 床に傷、汚れはないか
- □ 天井に汚れ、クロスのはがれはないか
- □ 窓やドアの動きはスムーズか
- □ 網戸、雨戸の動きはスムーズか、破損はないか
- □ インターホンはちゃんと鳴るか
- □ スイッチ、コンセントは機能するか、破損はないか
- □ エアコンは使えるか
- □ キッチンやシンク、シンク下に汚れやカビはないか
- □ 換気扇は機能するか
- □ 排水管に詰まりやにおいはないか
- □ 水やお湯は出るか
- □ トイレの水は流れるか
- □ 浴室にカビや汚れはないか
- □ 靴箱にカビやにおいはないか

傷や汚れ、破損があったら、写真に残しておこう

不具合があったら、管理会社か大家さんに早めに相談しよう！

06 引越し当日の作業

引越し当日は何をすればいいのでしょうか。
大まかな流れをつかんでおきましょう。

引越し当日は、旧居で業者を迎えて荷物を搬出。その後、移動して、新居での掃除や荷物の搬入、片づけ、ライフラインの使用確認などを行います。新居では、借主がすべきことが多いので、旧居での搬出確認は家族にお願いするなど、作業を分担できるとスムーズです。ひとりで行う場合は、あいさつや掃除は前日に、荷ほどきは後日にするなど、数日間かけて引越しをするイメージで。無理のないスケジュールで行いましょう。

引越し当日の流れ *引越し業者に依頼した場合。

 旧居での作業 ＞ 移動 ＞

引越し業者に精算

引越し業者を迎えたら、先に精算を行う。引越し料金は作業を始める前に支払うことが国土交通省のルールで定められている。

搬出立ち会いを家族にお願いして、先に新居で作業できるとスムーズ！

管理人にあいさつ

管理人や大家さんがいる場合は、先にあいさつをし、これから引越し作業を行うことを伝えよう。

荷物搬出の立ち会い

荷物の搬出に立ち会う。荷物の数はチェックしておこう。

新居の掃除＆チェック

引越し前日までに時間がとれない場合は、荷物を搬入する前に部屋の掃除を行い、傷や汚れのチェックをする。

引越しトラブル回避の3か条

1 担当者の連絡先を聞いておく

引越し業者の到着が遅れることも多々あります。念のため連絡先は確認しておきましょう。

2 荷物の数をチェック

時間が経ってから「荷物がない」と気づいても、それが引越し業者のせいという証拠を見つけることは困難。作業の最後にきちんと確認をしましょう。

3 業者が帰る前に部屋を確認

荷物搬入前のチェック時にはなかった傷や汚れができている可能性も。場合によっては補償してもらえるので、きちんと伝えましょう。

先輩 voice

引越し当日、渋滞トラブルで荷物搬入に時間がかかり、そのあとに予定していた仕事に遅刻。引越し当日のスケジュールは時間に余裕をもたせないといけないなと反省した。

入居1か月前から新居のカギをもらえていたので、少しずつ荷物を運び入れた。引越し業者には依頼せずに済んだよ！

新居での作業

ガスの開栓立ち会い

事前に予約した時間にガス会社の人が開栓作業に来てくれる。一緒に確認しよう。

電気・水道の使用確認

事前に手続きがしてあれば電気・水道はすぐ使用可能。ブレーカーを上げて、電気がつくか確認を。水が出ないときは、水道の元栓が開いているかチェックしよう。

荷物搬入&チェック

引越し業者が到着したら、すみやかに荷物を運んでもらう。最後に荷物の数が合っているか、破損がないかを業者の方と一緒に確認。

照明・カーテンの取りつけ

照明とカーテンは、引越し当日に取りつけよう。夜、カーテンがないと部屋の中が丸見えになってしまう。

荷ほどき

すぐに使うものから荷ほどきしていく。段ボール箱の無料回収サービスがある場合は、回収日に間にあうよう片づけていこう。

\ ひとり暮らし経験者に聞いた！ /

引越しにまつわる
トラブル＆後悔

引越し当日のトラブルから、暮らしてみて後悔したことまで、
先輩たちの失敗談から、引越しの極意を学びましょう！

▲ トラブル

部屋を引き渡す際に…

経年劣化なのに修繕費を支払うこと
になって敷金が戻らなかった
物件があった。納得いかない！

荷物が多かった！

引越し用に小さなトラックを1台
頼んだけど、引越し当日、荷物が
載せきれないことが判明し
急遽もう1台来てもらった。

荷造りの失敗

何も考えずに荷造りした結果、引越し
当日に使いたいタオルやパジャマが
どこにあるのかわからず、ほぼ全部の
段ボールを開ける羽目に……。

洗濯機の故障

前の家から持ってきた洗濯機を
引越し業者の方に設置してもらった。
次の日、洗濯機から水漏れが発生。
設置後の動作確認では少し回しただけ
だったので気づけなかった……！

▲ 後悔

雨の日もチェックすれば…

引越しして最初の雨の日に雨もり
した。晴れた日に内見をして
物件を決めたので盲点だった。

インターネット回線の落とし穴

マンションは決まった回線しか使えず、
携帯キャリアに合わせたお得プランが
使えずがっかり。回線にこだわりが
ある人は確認したほうがいい。

壁が薄すぎる

築30年の木造住宅に住んでいたときは、
隣人のあくびまで聞こえるほど壁が
薄かった。家の造りはしっかり選ぶべき。

駅近の注意点

駅が目の前のアパートが見つかり、
ラッキーと思ったら、線路が近いので、
電車が通るたび家が揺れる！
、きちんと確認するべきだった。

引越し先を決めてから解約

部屋の解約を伝えてから引越し先を探し
たときは、ゆっくり考えられずバタバタだっ
た。家賃は二重にかかっても、引越し先を
決めてから解約を伝えたほうが安心。

どんな家具を
置こうかな

自分だけの
快適空間！

\ part /

3

部屋作り

新調する家具や家電、
インテリアなどにこだわれるのも
ひとり暮らしの醍醐味！
見た目にこだわるもよし、
使い勝手を重視するもよし。
今後の生活スタイルも意識しながら、
ベストなものを選んでいきましょう。

01 必要な家具・家電を考えよう

初めてのひとり暮らしなら、新たに購入すべき家具・家電が
たくさんあります。優先順位をつけてそろえていきましょう。

家具や家電は、基本的には長く使うものなので、自分の生活や好みに合ったものをじっくり選びたいもの。ひとり暮らしのスタートに合わせて、あわてて一気に買いそろえる必要はありません。まずは最低限必要なものを買い、あとは自分の生活スタイルが決まってきてから

ゆっくり選ぶといいでしょう。

最初に買いそろえる家具や家電は、機能もデザインも極力シンプルで低価格なものがおすすめ。また、最初は中古やレンタル品を使い、好みが定まってきたら買いそろえていくというのも一案です。

ひとり暮らしに必要なものは…

家具・ファブリック

入居日から必要

☐ 寝具

☐ カーテン

☐ テーブル

あとからでも OK

☐ ラグ・クッション

☐ デスク・イス

☐ 収納家具

☐ ソファ

必要かどうか
見極めてから！

家電

入居日から必要

☐ 照明

☐ 冷暖房器具
（夏、冬の場合）

入居後早めに

☐ 冷蔵庫

☐ 洗濯機

あとからでも OK

☐ 電子レンジ　　☐ テレビ

☐ 炊飯器　　☐ 掃除機

家具・ファブリックを選ぶポイント

寝具

最初は布団があればOK。後にベッドを買う場合でも、来客用として使用可能。ソファになる布団ケースを使えば収納に困らない。ベッドを選ぶ際は、部屋に入るサイズ、動線の邪魔にならないサイズを。

カーテン

レースカーテンとドレープカーテンを用意する。幅はカーテンレールの1.05倍、丈は床から1〜2cm浮くくらいのサイズに。防犯面を考え、遮光、ミラーレース機能があると◎。

ラグ・クッション

ラグは床の傷や汚れ防止、防音・防寒対策にも。使う時期（季節で変えるか通年使うか）を考慮し、素材やサイズを選んで。クッションは背もたれや枕としても使える小サイズが便利。

テーブル

ひとり暮らしでは、床に座って食事や勉強ができるローテーブルが1つあると便利。脚が折りたためるタイプなら必要なときだけ出せるので、新しいテーブルやデスクを買ったあとも使いやすい。

デスク・イス

仕事・勉強用のデスクは、ひとり暮らしの場合、奥行きを抑えたデスクがおすすめ。仕事・勉強用のスペースを作るのが難しい場合は、1〜2人用のダイニングテーブルを購入して兼用しても。

収納家具

収納家具は、暮らしていくなかで必要となったときに購入を検討しよう。いろいろな用途や場所で使える、チェストやカラーボックスなどから試してみるのがおすすめ。

家電を選ぶポイント

照明

部屋全体を照らす主照明には、シーリングライトかペンダントライトを選んで。明るさが足りない場合は、補助照明としてスポットライトやフロアライトを用意しよう。仕事や勉強用に必要なら手元を照らすデスクライトを。

光の色も要チェック

昼光色 やや青白い光。オフィスでよく使われ、勉強や細かい作業に向く。

昼白色 自然光に近い光。昼光色と電球色の中間くらいの色。

電球色 黄色がかった光。暖かみがあるがやや暗い。リラックスしたいときに。

冷暖房器具

エアコンは必須。それ以外に補助的な冷暖房器具があると、電気代の節約にもなる。夏なら扇風機やサーキュレーター、冬なら電気ストーブやこたつ、ホットカーペットなどもおすすめ。

サイズもきちんとチェックしよう

洗濯機

ひとり暮らしなら容量は5〜6kgが目安。洗濯機置き場に置けるサイズで、ライフスタイルに合う機能のものを選ぼう。昼間洗濯できない、または防犯上外に干したくない人は乾燥機つきが便利。

冷蔵庫

容量は自炊するなら150〜200L、料理しないなら100L程度。必ず冷蔵庫置き場のサイズを確認してから購入を。寝る部屋に冷蔵庫を置く場合は、音にも注意して選んで。

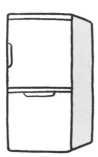
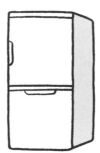

タテ型洗濯機は…

・リーズナブル
・洗浄力が高い
・コンパクト

ドラム式洗濯機は…

・衣類が傷みにくい
・節水できる
・乾燥の仕上がりがいい

扉が壁に当たって開かない!なんてことがないようにね

電子レンジ

低価格で選ぶなら温め機能だけの電子レンジで
OK。トースター、オーブン、グリル機能もついたオー
ブンレンジだと料理の幅が広がる。

炊飯器

2～3合炊きでOK。自炊の頻度が低いなら、炊飯
器の代わりに土鍋を用意するのもおすすめ。短時
間でご飯が炊けて、ほかの料理にも使える。

テレビ

画像がもっともキレイに見える視聴距離は、テレビ
画面の高さの約3倍と言われている。6畳なら32イ
ンチ、8畳なら42インチ未満のテレビが目安。

掃除機

コードレスのスティック掃除機、ハ
ンディ掃除機など、手軽に使える
ものだと掃除のハードルも下がっ
て◎。カーペットやラグなどがない
場合は買わなくても。

アドバイス

契約アンペア数をチェックしておこう

アンペアとは、電気の流れる量を表す単位のこと。
使用している家電のアンペア数が部屋の契約アンペ
ア数を超えるとブレーカーが落ちます。ひとり暮らし
なら20～30A（アンペア）の契約が多いでしょう。自
分の部屋の契約アンペア数を確認し、家電をどれく
らい同時使用したらブレーカーが落ちるのか知って
おくといいでしょう。100W＝1Aです。

＊右表の家電のサイズはひとり暮らし向けのものを想定

家電のアンペア数の目安

電子レンジ	13A
ドライヤー	12A
エアコン	6.6A
洗濯機	3A
冷蔵庫	2.5A
テレビ	2A

02 部屋のレイアウトを考えよう

家具・家電のレイアウトによって、部屋の印象や暮らしやすさが決まります。
引越しで大きな家具を入れる場合は、事前に考えておきましょう。

ひとり暮らしでは、「寝る」「食べる」「仕事・勉強をする」「くつろぐ」を同じ部屋で行う場合がほとんど。それぞれゾーニングできたらいいのですが、それにはかなり広い部屋が必要です。どの役割に合わせたスペースを優先して作るかを考えて、家具の配置やラグなどの使用によって、上手に仕切ることができるといいですね。

また、家電の配置にはテレビ端子やコンセントの位置も重要になります。配線を極力シンプルにできるような家電の配置を考えるのも大切です。

レイアウトの3つのポイント

1 テレビ端子、コンセントの位置を確認する

まずテレビ端子の差込口の位置を確認し、テレビはその近くに配置。コンセントの位置も確認し、必要な家電がその近くで使えるか考えてみよう。家具はコンセントをふさがないように配置して。

2 ベッドの位置を決める

ベッドは壁沿いに置くのが一般的。掃き出し窓に沿って置く場合は、ベランダへの出入りができるスペースを確保すること。「部屋には寝に帰るだけ」という場合は、部屋の中央にベッドを置いても。

3 動線、必要スペースを確保

人がスムーズに動けるスペースと、ものを置いたときにそれを使うのに必要なスペース（扉を開けたり、立ったり座ったりするスペース）を考えてレイアウトを決めよう。

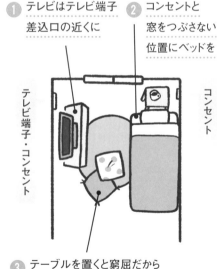

❶ テレビはテレビ端子
差込口の近くに

❷ コンセントと
窓をつぶさない
位置にベッドを

テレビ端子・コンセント

コンセント

❸ テーブルを置くと窮屈だから
クッションだけに

❶〜❸の順で
レイアウトを
決めたよ

ワンルームのレイアウトアイデア

作業台にも使えると◎

正方形に近いワンルーム

正方形のワンルームはデッドスペースができやすいので注意。キッチンとくつろぐ場所を棚やパーテーションでゾーニングしてすっきり見せて。玄関から室内が丸見えにならないように、目隠しをつけるなど工夫も必要。

収納棚でキッチンと仕切る

仕切りにグリーンを使うのもあり

のれんやカーテンで部屋を目隠し

細長いワンルーム&ロフト

細長い部屋はベッドや家具類を壁につけ、奥行きのあるレイアウトにすると広く感じる。ロフトつきの場合、ロフトを寝室として使うのも手だが、収納スペースとして使えば1階の生活スペースがシンプルに。

本などは簡易的な棚に収納

シーズンオフのものはボックスに入れて収納

移動できるハンガーラックなら部屋の目隠しにも使える

テーブルやイスなど高さのある家具は部屋の手前に

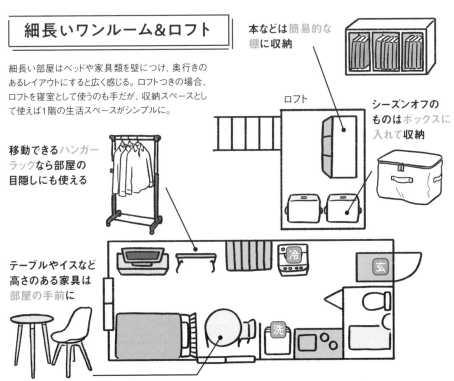

1Kのレイアウトアイデア

玄関にキッチンタイプ

玄関側にキッチンやお風呂、トイレなどの設備がまとめられており、奥の部屋とは扉で仕切られている形なので、奥の部屋は完全なリラックス空間として使える。ベッドを中心としたレイアウトもあり。

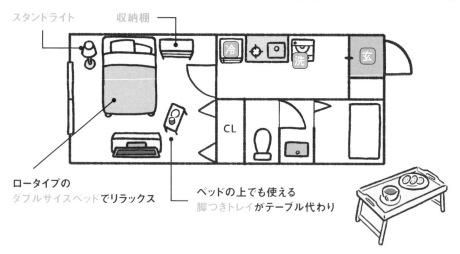

スタンドライト　　　収納棚

ロータイプの
ダブルサイズベッドでリラックス

ベッドの上でも使える
脚つきトレイがテーブル代わり

奥にキッチンタイプ

買い出しした食材を奥のキッチンまで運ばなくてはいけないため、スムーズな動線を心がけて。キッチン近くに食事&くつろぎスペースを作り、玄関からくつろぎスペースが見えない工夫を。

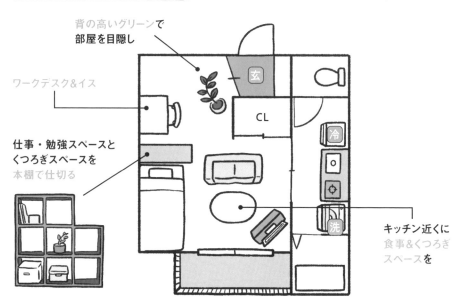

背の高いグリーンで
部屋を目隠し

ワークデスク&イス

仕事・勉強スペースと
くつろぎスペースを
本棚で仕切る

キッチン近くに
食事&くつろぎ
スペースを

1DKのレイアウトアイデア

ダイニング&寝室で利用

DKを料理と食事スペースとして使い、もう1部屋を寝室として使うのがオーソドックスなパターン。来客を入れるのはDKまでとし、寝室をプライベート空間として独立させることが可能。

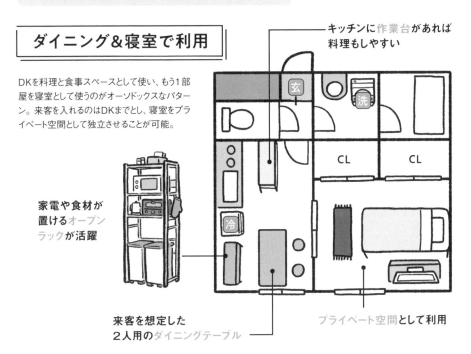

キッチンに作業台があれば料理もしやすい

家電や食材が置けるオープンラックが活躍

来客を想定した2人用のダイニングテーブル

プライベート空間として利用

ワンルーム+ワークルームで利用

広めのDKなら、ベッドも置いてDKをワンルームのように使うのも一案。1部屋はワークルームとして使えるので、家で仕事をすることが多い人や勉強に集中したい人におすすめ。

高さのあるテーブルとイスでベッドを目隠し

デスクは白壁を背に配置して**リモート会議にも対応**

ひと休み用のソファ

グリーンでキッチンとの間を仕切る

03 インテリアのコツ

色使いと家具・家電の配置を工夫することで、
圧迫感のないすっきりした空間を作ることができます。

部屋のインテリアは、どんなテイストにしたいかを考え、統一することが大切です。ただ、ひとり暮らしの限られた空間では、あれもこれもと家具や雑貨を詰め込みすぎるのはNG。散らかって見えるし、落ち着かない空間になってしまいます。配色のバランス、家具の置き方のポイントを踏まえたうえで自分好みのテイストを楽しみましょう。

部屋の色は３カラーで考える

部屋は３種の色で構成するとキレイにまとまる。部屋の70％を占める壁、床、天井の色をベースカラーと考え、ラグやカーテンなど部屋の雰囲気を決めるメインカラーは25％、そしてパッと目が行くアクセントカラーは5％の割合で考えよう。

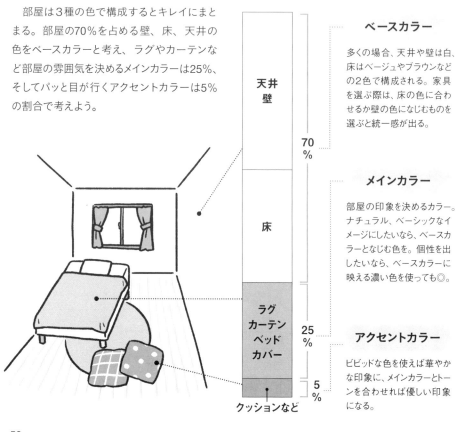

ベースカラー

多くの場合、天井や壁は白、床はベージュやブラウンなどの2色で構成される。家具を選ぶ際は、床の色に合わせるか壁の色になじむものを選ぶと統一感が出る。

メインカラー

部屋の印象を決めるカラー。ナチュラル、ベーシックなイメージにしたいなら、ベースカラーとなじむ色を。個性を出したいなら、ベースカラーに映える濃い色を使っても◎。

アクセントカラー

ビビッドな色を使えば華やかな印象に、メインカラーとトーンを合わせれば優しい印象になる。

天井
壁

床

ラグ
カーテン
ベッド
カバー

クッションなど

70%

25%

5%

高さ・奥行きをそろえる

複数の家具を置くときは、高さと奥行きをそろえるとすっきりとして見える。凸凹があるとごちゃごちゃした印象になってしまうので、サイズがそろわないときは、少し離して別々の場所に置こう。また、高さの違う家具と家具の間に、観葉植物や照明を置くことで違和感がなくなることも。

テレビ、壁棚、本棚の高さがほぼ同じに！

高さの違いは観葉植物や照明でカバー

余白を作る

狭い部屋では、ベッドの下やドアの裏、壁などのデッドスペースを活用してものを収納するのが有効。ただ、壁すべてを家具やディスプレイなどで埋めてしまうと、圧迫感が出てしまうので注意。床に余白があると、すっきりとした印象になるので、何もない空間も残しておくといい。

部屋のレイアウトアプリを使ってシミュレーションしてもいいね

玄関、キッチン、トイレの インテリアのポイント

部屋中すべてを自分好みにできるのがひとり暮らしの楽しいところ。
おしゃれに見えるインテリア選びのポイントをご紹介します。

玄関

靴箱の上を すてきに飾るには…

「三角飾り」を意識すると、キレイにまとまる。背の高いものを1つ中央に置き、その両サイドに背の低いものを置く、または、背が高いもの→中くらいのもの→背が低いものと順に並べても。置くものはフレームやグリーン、キャンドルなど。季節感が出るリースもおすすめ。

鏡はおしゃれと実用性を 兼ね備えたマストアイテム

玄関を飾るインテリアとして、おすすめなのは鏡。玄関のサイドの壁にあれば空間が広がって見え、狭い玄関でも窮屈に感じない！　また、鏡が光を取り込み玄関が明るい印象に。もちろん外出前の身だしなみチェックにも便利。

香りにも気をつけよう

玄関のにおいは、外から入ってくると意外と気になるもの。お気に入りのルームフレグランスを玄関に置けば、いい香りが出迎えてくれる。また、靴のにおいが気になるときは、靴箱の中に消臭剤を入れておこう。

見せる収納は
テイストと色をそろえて

収納が少ないキッチンでは、調理道具を吊るすなどの見せる収納が有効。キレイに見せるコツは、道具の色やテイストを統一すること。購入時から意識しよう。また、調味料を並べる場合はケースを統一するとすっきりまとまる。

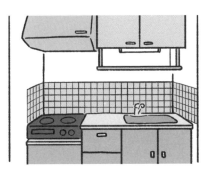

耐熱の壁紙を貼って、
おしゃれに汚れ防止

キッチンの壁に好みの耐熱性壁紙を貼るのもおすすめ。木目調のもの、タイル調のものなどを部分的に貼るだけでも雰囲気をガラッと変えることができる。さらに壁に汚れがつくのを防ぐこともできる。

照明を変えるだけで
雰囲気が一変！

狭い空間だからこそ、ここだけは個性的なインテリアを楽しむ！　という人も多いのがトイレ。いろいろ飾るのもいいが、掃除のしやすさを考えるなら、照明を工夫するのがおすすめ。デザイン性のあるペンダントライトや間接照明などで、光の色は少し明るさを落とした電球色にすると落ち着いた雰囲気に。

ウォールシールも
おすすめ

ウォールシールなら気軽に貼り替えができるので、トイレのイメージを変えるのには最適。とくに消臭効果があるものがおすすめ。トイレの壁はこまめにふき掃除をし、ウォールシールも定期的に新しいものにするといい。

04 部屋の悩み改善アイデア

実際に暮らしてみると、内見ではわからなかった部屋の不具合を感じることも。簡単な対処法をご紹介します。

部屋の明るさ・暗さ、暑さ・寒さ、騒音などは、時間帯や季節によって変わるので、内見時にすべてを把握するのは難しいもの。住み始めて不具合を感じることもあるでしょう。住人による悪質な騒音以外は、ほとんどが建物の構造上の問題なので、契約書を交わしている以上、文句は言えません。自分で創意工夫して少しでも快適に過ごせるようにしたいものです。なるべく手軽に、部屋を傷つけることなくできる改善策を考えましょう。

お悩み 1 部屋が暗い

対策 1 壁紙を変える

壁紙を明るい色のものに変えると、部屋も明るく感じるように。現在の壁紙の上から貼れて、キレイにはがせるシールタイプなら賃貸物件でもOK。ただ、部屋によっては禁止されていることもあるので、管理会社や大家さんに確認を。

対策 2 ラグやカーテンを白っぽく

白は光を反射するので、ラグやカーテンで白を取り入れれば、少ない光でも部屋が明るく見える。

対策 3 照明を増やす

暗いと感じる場所に補助照明をプラス。暗くなりがちな玄関や廊下には、通るときにパッと明るくなる人感センサーつきライトを置くのがおすすめ。

お悩み 2　部屋が寒い

ちょっとした工夫で
暖かくなるよ

対策 1　窓からの冷気を防ぐ

窓のサッシにすき間テープを貼り、すき間風を防ぐ。冷気だけでなく、花粉や虫の侵入を防ぎ、防音効果も望める。

断熱シートを窓一面に貼ろう。室内の暖気を外に逃がさず保つ役割があるので、暖房の効きがよくなる。

カーテンを厚手にし、窓枠より長めのサイズにしよう。カーテンの上下から冷気がもれるのを防いでくれる。

対策 2　床からの冷気を防ぐ

ラグやカーペットを敷くのはもちろんだが、その下にアルミシートを敷くことで冷気をシャットアウト。保温効果もある。

お悩み 3　音がうるさい

対策 1　カーテン・カーペットを変える

外部の音が気になるなら遮音効果のあるカーテンを利用するといい。自分の部屋の音を低減させるなら、タイルカーペットを全面に敷くと◎。

対策 2　家具の位置を見直す

壁が薄く隣人の生活音が気になるときは、本棚やクローゼットなどの大きい家具を隣人のいる壁側に置くと多少改善する。自分の部屋の音をもらさないようにする対策としては、テレビやスピーカーなど、音の出る家電は壁から30cmほど離すと効果的。

隣人のいる側の壁に
大型家具を置く

音が出る家電は壁から
30cmほど離す

30cm

\ ひとり暮らし経験者に聞いた！ /

買ってよかった・使わなかった
家具＆家電

実家には当たり前にあった家具や家電も、ひとりだと意外と使わないことも。
不要だったもののほか、おすすめの家具・家電も聞きました。

買ってよかった

電気ケトル

疲れて動けないときでもお湯を
沸かせば何とかなる！
すぐ沸くからとっても便利。

こたつ

布団を外せば、テーブルとして
使えるタイプのものを購入。エアコン
より電気代が安いし体が温まる！

サーキュレーター

部屋には掃き出し窓が1つあるだけ
なので、部屋の空気を循環させるのに
大活躍。洗濯物も乾きやすくなる。

乾燥機つき洗濯機

電気代はかかってしまうけど、
干す手間や部屋干しのにおい
から解放される！　奮発してよかった！

カラーボックス

最初はテレビ台として使い、次に
引越した家ではデスク横の本棚に。
今はクローゼットの中の
整理棚として活躍中！
使い回せて超便利！

必要なかった

スタンドライト

あるとおしゃれに見えるけど、
実際に使う機会はほぼない……。
今は、服をかけるものと化している。

コーヒーメーカー

あこがれて買ったものの、
2回くらいしか使わず、
ずっとほこりをかぶっている。

トースター

ひとり分のパンを焼くなら
フライパンで十分。買うなら、
オーブン機能つきレンジがいい。

浴槽のふた

お風呂が沸いたらすぐ入るから、
必要なかった。ふたはすぐカビが生えるし、
掃除が大変だったので、クローゼットの
隅にしまいこんじゃった。

ひとり用ソファ

部屋でくつろぐときはほぼベッドの上。
ワンルームの部屋には邪魔なだけだった。

\ part /

4

整理整頓
・掃除

手狭な空間で快適に暮らすコツは、
整理整頓しやすく収納を工夫すること。
また、ひとり暮らしだからといって
部屋を散らかしっぱなしにするのはNGです！
片づけや掃除のルーティンを
きちんと習慣化しましょう。

ものを出したら
すぐ片づけよう

部屋の乱れは
心の乱れ！

01 整理整頓の基本

狭いワンルームでも快適に過ごすには何を心がければいいのか、
整理整頓の基本を知っておきましょう。

暮らしているうちに増えていく家具や服、生活のこまごましたもの。それらを放っておくと、部屋はどんどん窮屈になってしまいます。快適でくつろげる部屋を作るいちばんのポイントは、部屋の余白をキープすること。

リビングならばテーブルの上はあけておく、床に置きっぱなしにしないなどの日々の小さな心がけで、部屋は自然とすっきり整います。整理整頓の基本をおさえて、すき間時間にも片づけやすい部屋作りを目指しましょう。

片づいて見える余白ポイント

目指せ！
いつでも友だちを
呼べる部屋

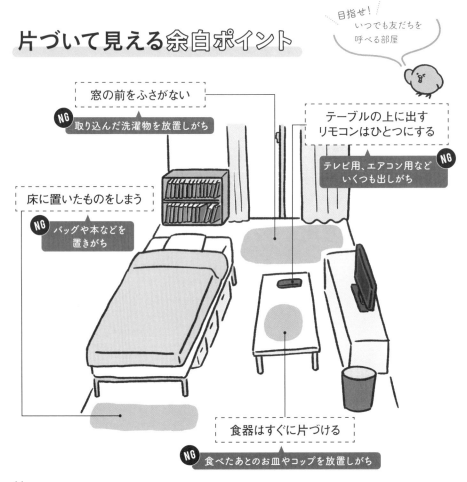

窓の前をふさがない
NG 取り込んだ洗濯物を放置しがち

**テーブルの上に出す
リモコンはひとつにする**
NG テレビ用、エアコン用など
いくつも出しがち

床に置いたものをしまう
NG バッグや本などを
置きがち

食器はすぐに片づける
NG 食べたあとのお皿やコップを放置しがち

整理整頓マスターになるコツ

片づいて見える部屋にはルールがあります。5つのコツをつかむことから始めましょう！

コツ1　ものの増やしすぎに注意する

せっかく部屋を片づけても、ものを増やしたら本末転倒！　たとえ100円のものでも、買う前に"本当に必要か"を考えて。

コツ2　ものの大きさを見極める

家具を買うときに失敗しがちなのが、必要以上の大きさのものを買ってしまうこと。大きなものを購入するときは、部屋の面積を確認してからにしよう。

コツ3　指定席を作る

リモコンはテーブルの上、外出で使ったバッグはサイドテーブルの上など、ものの"指定席"を決めよう。使ったあと、そこに戻すだけで片づけができる。

コツ4　不要品は捨てる

「いつか使うかも」「思い出があるから」などの理由で使わずに持っているものは"不要品"。普段使うもの、本当に必要なものだけを残して。

コツ5　便利グッズで収納力をアップさせる

カラーボックスや小さなラックなど、手軽で便利な収納グッズは積極的に使おう。棚の中や、家具と天井の間など、デッドスペースをムダなく使いこなすのがコツ。

目指せ！
整理整頓マスター！

先輩 voice

きみの部屋に、デッドスペースはないかな？ものをしまう場所に困ったら、一度チェックしてみて。

ときどき人を招くのも、部屋をキレイにキープする秘訣！　散らかった部屋を見られたくなくて、自然と「片づけよう」という意識が芽生えるよ。

気をつけよう！

家電・棚だらけにしない

初めてのひとり暮らしだからと家具や家電を買い込むと、圧迫感が出て小さな部屋がさらに窮屈な印象に。使わないものを処分しようとしても、捨てるのにお金がかかる場合もあります。最初は多少不便でも、家具や家電は本当に必要かどうかを考えながら少しずつ増やしていくのがポイント。同様に、収納グッズも初めから買い込まなくてOKです。暮らしのプランを立ててから購入しましょう。

配線だらけにしない

配線が多いと、家電の裏側がごちゃつきがち。また、床にコードが這っていると案外目立ちます。部屋をすっきり見せるためには、配線カバーなどのアイテムを使うのがおすすめです。

02 エリア別整理術

収納スペースが少ない部屋だと、場所ごとの工夫が必要になってきます。
部屋のエリアごとに、整理整頓のコツを見ていきましょう。

収納スペースが少ないワンルームでも、それぞれのエリアを使いやすくすることで、居心地のいい部屋を作ることができます。そのためにはエリアに合わせた収納をすることが決め手になります。

クローゼットならゾーン分け、キッチンなら動線を考えた配置、玄関ならたたき（靴を脱ぐ場所）に置くものは最小限、そして水回りであれば収納スペースを作り出す。これらを基本にして、整理してみましょう。

クローゼット

奥行きがある分、どんどんものを詰め込んでしまい、何がどこにあるのかわからなくなってしまうのがクローゼットや押し入れです。
収納のコツは高さを生かしたゾーン分け。

低い場所に置くといいもの、高い場所に置くといいものを分ける、ハンガーや収納ボックスを活用するなどして使い勝手がいいクローゼットにしましょう。

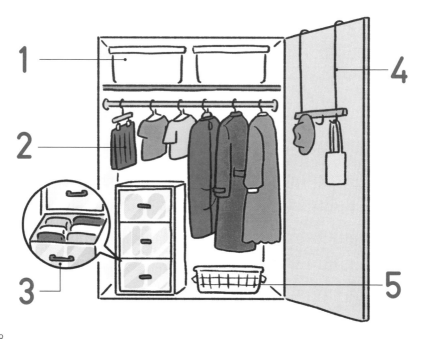

1 シーズンオフの服などは高い棚へ

使用頻度が低いものは、手が届きにくい高い棚でOK。シーズンオフのもの、アウトドア用品、ときどき使う小物など、ジャンルごとに収納ボックスを分けておくと、衣替えや行楽などのときに便利。

2 丈をそろえて吊るす

ハンガーバーにコートやシャツ、スカートなどを吊るすときは、丈ごとにそろえるのが◎。見た目がすっきりするうえ、下にあいたスペースには衣装ケースや収納ボックス、かごなどを置けるので、空間を有効活用できる。

3 衣装ケースの中はタテ入れに

Tシャツや下着などの、たたんでも型崩れしない服は衣装ケースへ。収納するときは服を重ねずに立てて並べると、着たい服がサッと取り出せる。衣装ケースは、中身が見える透明か半透明のものがおすすめ。

4 扉の裏を活用する

扉が開き戸タイプなら、便利グッズを使えば扉の裏も収納スペースに。扉用のフックはバッグやベルトを吊り下げたり、帽子をかけたりすることができる。フックは釘やネジを使う必要がないので用途に合わせた設置場所の変更や、数の増減も自在。

5 仮置きボックスを作る

すぐにたためない服は、仮置きボックスに入れるのがおすすめ。ただし、ここにため込むのはNG。定期的に見直しをして。

衣替えをするときは、来シーズンに残す服の取捨選択を！

ハンガーを使い分けよう

服の形状や素材に合ったハンガーを使えば、収納しやすくなるだけでなく、型崩れを防ぐこともできます。

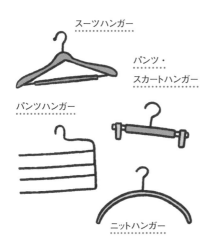

スーツハンガー

パンツ・スカートハンガー

パンツハンガー

ニットハンガー

服をたたまずにハンガーで吊るすと、クローゼットの中から探し出しやすく、シワにならないというメリットがあります。その半面、針金ハンガーだと服が伸びる、肩にハンガーのあとがつくなんていうことも。

吊るして保管するときは、できるだけ服に合ったハンガーを選びましょう。例えばスーツ用やニット用、1つに数着かけられるもの、ボトムスのウエスト部分をクリップで挟めるものなど、さまざまなタイプがあります。

キッチン

キッチン用品や調味料など、どうしてもこまごましたものが多くなってしまうキッチンまわり。すっきりさせるコツは収納グッズを上手に使って、ものの定位置を決めること。

すぐ手の届くところに置くもの、引き出しの中にまとめておくもの、高い棚へ入れるものなど、料理をするときの動線を考えながら収納していきましょう。壁やすき間を有効活用すれば、使い勝手のいいキッチンが完成しますよ。

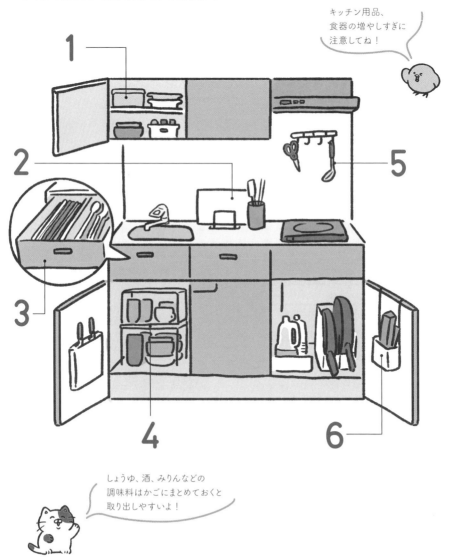

キッチン用品、食器の増やしすぎに注意してね！

しょうゆ、酒、みりんなどの調味料はかごにまとめておくと取り出しやすいよ！

1 ── 中が見える ケースを使う

食器や食品の収納には、中身が見える透明か半透明のケースを使うのが◎。高い場所に置くケースは、取っ手つきのものを選ぶと引き出しやすい。

2 ── よく使うものは 手の届く位置に

まな板や菜箸、フライ返しなど使用頻度の高いものは手が届く場所に指定席を作るのがベスト。スタンドを活用すれば省スペースに収納できる。ただし、ガスコンロ周辺は火事のもとになるので避けて。

3 ── 小物は引き出しへ まとめる

引き出しには、お箸やカトラリー、お弁当グッズなどの小物をまとめよう。仕切り板や小さなケースを入れて種類分けをすると、すっきりした状態をキープできる。

4 ── ラックで棚を作る

シンクやコンロの下は、高さを有効活用して収納スペースを確保しよう。コの字型ラックを使えば2、3段の棚が作れる。また、棚の上にトレーを置けば引き出せるので、奥のものも取りやすくなる。

5 ── フックを増やす

壁にはフックを取りつけて、キッチンばさみやおたまなど、よく使うものをかけるのがおすすめ。調理中でもサッと使えて効率アップ！ 吸盤タイプなら、位置を変えるときもラクちん。

6 ── 扉の裏を活用する

引っかけて吊るせるラックや、貼りつけられるケースを使えば、扉の裏も収納スペースに。ラップ、キッチンペーパーなど、軽くてコンパクトなものを収納するのがおすすめ。

キッチンのピンポイント収納術

ポイントをおさえて、さらに使いやすいキッチンを目指しましょう。

冷蔵庫は7〜8割収納で

冷蔵庫に食品を収納していくときは、全体の容量の7〜8割に抑えて。詰め込みすぎると、奥にある食品が見えにくくなるだけでなく庫内の温度がしっかり下がらず、食品が傷む原因にもなる。

フライパンは立てる

フライパンは平置きよりも、立てて置くのがおすすめ。A4サイズのファイルボックスを使えば、コンパクトに収納できる。

使いかけの食品は立てる

ふりかけなどの使いかけの食品は、透明ケースにまとめて保管する。立てて入れておくと、何が入っているかひと目でわかるので、管理しやすい。

71

玄関

"たたきに置くものは最小限"が鉄則です。
すっきりした状態を保てば、掃除がしやすく気分も上がりますよ。

ドアの裏を活用

スチール製のドアであれば、マグネットタイプのフックや傘立てを取りつけられる。フックには、買い物用のエコバッグなどをかけておくと便利。

外に出す靴は
1足まで

靴が何足も出ていると、ごちゃついた印象に。その日はいた靴だけ、湿気を取るために外に出して、あとは靴箱の中へ。

カギや腕時計はトレーにひとまとめ！

ラックで靴箱を
使いやすく

小さな靴箱は、コの字型ラックなどを使って段数を増やすと、空間にムダができない。

水回り

ワンルームの水回りは、収納スペースがほとんどないことも。便利グッズを積極的に利用して、使い勝手をよくしましょう。

(トイレ)

収納棚がない場合は、背面の壁につっぱり棚をつけるのがおすすめ。かさばりがちなストック品を置こう。

(洗面所)

日常使いのものは外に出して、使用頻度が低いものはジャンルごとにケースへまとめて棚の中へ収納。

先輩 voice

ユニットバスの場合、トイレットペーパーのストックを室内に置いておくと、紙がふやけてしまうよ。室外で保管しようね。

(浴室)

シャンプーボトルや洗顔グッズを床に直置きすると、ぬめりやカビの原因に。ボトルフックやラックを取りつけ、床から浮かせるのがおすすめ。

吸盤タイプのバーを取りつけてすっきり収納！

超おすすめ！ 収納便利グッズ

収納シーンに合わせてグッズを選ぼう

収納グッズを選ぶ際には、サイズ感や耐久性を見極めるのも肝心です。必要以上に大きく安価なものだと、部屋のスペースをとるだけでなく使っているうちに壊れてしまうことも。置く場所や入れるものの量を考えて、丈夫で必要な大きさのものだけを買うようにしましょう。

また、収納グッズに統一感をもたせるのも部屋をすっきり見せるコツ。複数買うときは色や素材、サイズをそろえてみてください。

選ぶときのポイント

- ☐ 収納場所を考える
- ☐ 必要な容量のサイズを選ぶ
- ☐ 耐久性のあるものを選ぶ
- ☐ 色・素材・サイズをそろえる

グッズ名	使い方
つっぱり棒＆S字フック	キッチン、トイレ、玄関など、さまざまなエリアで役立つセット。壁のすき間につっぱり棒を取りつけてS字フックをかければ、何もなかった空間が、収納スペースに！
キャスターつきワゴン	可動式なので壁と棚のすき間や、押し入れの奥のほうのスペースなどが有効活用できる。動線の邪魔にならない大きさのものを選ぼう。
吊り下げラック	棚の下に収納スペースを増やしたいときにおすすめ。戸棚や棚板に引っかけられるので、デッドスペースを有効活用できる。ただし、重いものを置かないように注意。
ブックエンド	不安定なものを支えたり、空間を分けたりすることができる。衣装ケースや冷蔵庫の中の整理整頓におすすめ。シンプルなL字型のものを選ぼう。

グッズ名	使い方
プラスチックケース	服や雑貨をまとめるのに重宝するうえ、分類しやすい。ふたつきのケースは、サイズをそろえるとコンテナのように重ねて使えるので限られた収納スペースでも大活躍。
ファイルボックス	書類の整理はもちろん、キッチン、洗面所などでコンパクトな収納ができる。水回りに置くときは、プラスチック製のものを選ぼう。
ファスナーつきの保存袋	食品の保存はもちろん、アクセサリーや文房具など、こまごましたものの分類にも◎。大小さまざまなサイズがあるので、用途に合わせて使い分けよう。
はがせるフック	壁に貼ってもはがせるフックがあれば、簡単に吊り下げ収納ができる。シールタイプや吸盤タイプなど、さまざまな種類がある。磁石タイプも便利。

03 掃除の基本

生活していると、汚れは自然とたまっていくもの。
居心地のいい部屋をキープするため、こまめな掃除を心がけましょう。

掃除を始める前に、まずは出しっぱなしのものを片づけましょう。これだけで掃除の効率はグンとアップします。また、掃除道具の増やしすぎにも要注意！　ひとり暮らしの場合は、最低限の道具でOKです。

掃除が苦手で、ついつい後回しにしがちな人はスケジュールを立てて、習慣化させるのがおすすめ。正しい手順とシンプルな道具で、効率的な掃除をしましょう。

どんな場所の掃除も
この4つが基本になるよ！

掃除上手になるコツ

コツ 1 まずはものを片づける

いきなり掃除を始めるのはNG！　本や衣類が出しっぱなしのときは、まず指定席へ。床やテーブルの上にものがない状態にする。

コツ 2 上から下へ

ほこりは上から下に落ちるもの。照明器具や棚のほこりをはたくなど、まずは高い場所から取りかかり、徐々に低い場所へ向かって掃除する。

コツ 3 奥から手前に

家具の下のすき間や床のふき掃除は、奥から手前にするのが基本。手前から始めたり、往復してふいたりすると奥に汚れがたまる原因に。

エリア別掃除術 ▶ P.76

コツ 4 アルコールでふき上げる

テーブルの上やキッチンまわりなど、清潔に保ちたいところはアルコールで仕上げよう。自然と揮発するので、使用後の水ぶきは不要。

おすすめの掃除道具

掃除道具はたくさん種類があって迷いがち。最低限持っておきたい、おすすめの掃除道具を紹介します。

アルコールスプレー

除菌・消臭効果がある。キッチンやトイレ、窓など、ほとんどの場所に使える万能道具。すぐに揮発するので、乾きやすくて、ふき跡が残りにくい。

マイクロファイバータオル

吸水速乾性に優れたタオル。とても細い糸で作られているので、ほこりや汚れをよく吸着し、力をいれなくても簡単にふき掃除ができる。

注意！
アルコールスプレーが使えないもの・場所

アルコールスプレーは火気厳禁。コンロを掃除するときは直接スプレーせずに、ふきんなどにふきつけてからふくようにしましょう。また、塗装されたもの、革製品、ゴム製品、一部のプラスチックへの使用も素材を傷めてしまう可能性があるので避けて。

これだけあればOK！

- ☐ 食器用洗剤（中性洗剤）
- ☐ 酸素系漂白剤
- ☐ フローリングワイパー
- ☐ 粘着クリーナー
- ☐ ドライシート・ウェットシート
- ☐ メラミンスポンジ
- ☐ トイレ用ブラシ

食器用洗剤はキッチン回りだけでなく、浴室やトイレでも使える優れもの。洗剤成分を洗い流しやすいのも◎。

洗面台の水あかや食器の茶渋落としには、メラミンスポンジがおすすめ。水を含ませてこするだけで汚れを削り落とせる。

ペットがいる人や、花粉症の人、部屋にカーペットがある人は掃除機があると便利！

掃除のスケジュールを立てる

掃除は汚れに気づいたらすぐやるのがベストですが、なかなかそうもいきません。そこでおすすめしたいのが、掃除のスケジューリング。日替わりでリビング、キッチン、浴室、トイレ、玄関を1か所ずつ掃除すれば、部屋全体を常にキレイな状態でキープできます。掃除が習慣化すると、カビや水あかが発生しにくくなるので1回の掃除の負担も少なくなります。

スケジュールを立ててみよう

月曜日	キッチン
火曜日	お休み
水曜日	リビング
木曜日	浴室
金曜日	お休み
土曜日	玄関
日曜日	トイレ

04 エリア別掃除術

エリアごとにコツをつかめば掃除はもっとラクちんに！
キレイな状態をキープして居心地のいい空間を作りましょう。

毎日が忙しいと、なかなか掃除の時間をとれないもの。そこでおすすめなのが、汚れに気づいたときの「プチ掃除」。リビングなら床に落ちた髪の毛を取る、キッチンであればふきんでシンクの水滴をふくなどのプチ掃除をす

れば、汚れがたまるのを防ぐことができます。

そしてときどき、エリアごとに「しっかり掃除」をしましょう。プチ掃除としっかり掃除をうまく組みあわせると、無理なく部屋全体をキレイにキープできますよ。

リビング

プチ掃除ですること

☐ ウェットシートで棚のほこりをふく　　☐ 小物を片づける

（ フローリング ）

手順1
ドライシートで奥から手前にからぶき

フローリングワイパーのドライシートを使い、フローリングの木目に沿って、後ろ向きになりながら奥から手前に向かってふく。

↓

手順2
ウェットシートでベタつきを落とす

こまかなほこりや皮脂汚れはウェットシートを使って落とす。ほこりを舞い上げることなく除去できるので、この仕上げで部屋全体がさっぱり！

（ 畳 ）

普段の掃除は、ドライシートをつけたフローリングワイパーでOK。畳の目に沿って動かそう。カビが発生したときは、アルコールスプレーを使ってふきとって。ただし畳はデリケートなので、力の入れすぎに注意。

（ カーペット ）

粘着クリーナーや掃除機を使うのがおすすめ。縦と横、両方向からかけると、まんべんなく汚れがとれる。シミがついたときは、中性洗剤を薄めたものをタオルに染み込ませ、たたいて落とそう。

キッチン

プチ掃除ですること

☐ 濡らしたマイクロファイバータオルで、コンロや換気扇についた汚れをふく

☐ ふきんでシンクの水滴をふく　　☐ ウェットシートで調理台の汚れをふく

（ コンロ回り ）

 壁やコンロをふく

調理中に油が飛び散るのはもちろん、落ちた食材が焦げて固まることも。汚れがたまる前に、マイクロファイバータオルでサッとふく。

 五徳を洗う

油汚れ、焦げつきが気になったら、五徳や受け皿を外して、食器用洗剤と歯ブラシでこすり洗いする。よく乾かしてから、コンロへ戻す。

> **こびりついた油汚れは…**
> 酸素系漂白剤につけおきしましょう。酸素系漂白剤を混ぜたお湯に、30分〜1時間つけて、最後に歯ブラシなどでこすり洗いをします。

（ シンク ）

 食器用洗剤でぬめりを除去

食器用洗剤とスポンジを使って、シンクの側面や蛇口などを洗う。スポンジは食器用と使い分けて。

 排水口を歯ブラシでこすり洗い

受け皿やかごを取り出して、食器用洗剤と歯ブラシを使ってこすり洗いをする。最後にアルコールスプレーをふきかけてしっかり除菌しよう！

（ 換気扇 ）

フィルターやファンを取り外して、食器用洗剤とスポンジで汚れを洗い落とす。洗ったあとはよく乾かしてから取りつける。フィルターにはカバーをつけておき、定期的に交換するといい。

（ 電子レンジ ）

濡れタオルを庫内に入れ、電子レンジ（500W）で1分程度加熱し、中を蒸気で満たす。加熱した濡れタオルで、浮いた汚れをふきとる。

（ まな板 ）

黄ばみ・黒ずみが発生したら、アルコールスプレーや酸素系漂白剤を使って除菌して。洗ったあとのまな板は、しっかりと乾燥させる。

水回り

プチ掃除ですること
□ ブラシやシートで汚れをオフ　□ こまめな換気で湿気対策

(トイレ)

**便器と便座の
つなぎ目**

はねた尿やほこりがたまりやすい。
ふたをおろしてウェットシートでふく。

トイレタンク

水受けについた水あか
や石灰化した汚れは、放
置すると黒ずみに。全体
をウェットシートでふき上
げる。側面も忘れずに。

便器

水あかや黒ずみがつき
やすい。縁裏がとくに
汚れやすいので、ブラ
シでこすり洗いする。

便座

便座裏にはねた尿がつ
き、においの原因に。便
座を上げて、ウェットシー
トでふく。

壁や床

尿はねが黄ばみの原
因に。ウェットシートで
まんべんなくふき上げる。

**便器と床の
つなぎ目**

ほこりがたまりやすい。
こびりついた汚れは歯ブ
ラシで落とす。

(浴室)

 手順1 壁や床を洗う

壁や床にシャワーでお湯をかけて汚れを浮かせて
から、中性洗剤を含ませたスポンジで壁や床をこす
り洗いする。床の隅にたまった汚れはブラシを使っ
てかき出して。

↓

 手順2 浴槽を洗う

中性洗剤を含ませたスポンジで、中をこすり洗いする。
洗剤が残ると、カビが増える原因になるのでしっか
り洗い流す。

 手順3 ボトル類のぬめりを取る

ボトルの底やノズル部分には水がたまりやすく、ぬ
めりが発生しがち。シャワーでしっかり洗い流して、
マイクロファイバータオルで水気をふきとる。

↓

 手順4 排水口を洗う

まずは、たまった髪の毛を取り除く。受け皿や排水
口の内部は、中性洗剤とブラシでこすり洗いする。
すべての掃除が終わったら、浴室内をしっかり換気
する。

05 虫が発生しない部屋作り

ひとり暮らしで避けられない虫問題。
退治・駆除するのが苦手な人は、寄せつけない部屋作りをしましょう。

虫のすみかにならない部屋にするには、清潔な状態をキープして、駆除剤を置いておくのが基本。とくに夏場は、気温が上がり虫が発生しやすい環境になるので、より一層注意を払いましょう。

万が一遭遇してしまったときのために、スプレータイプの殺虫剤を用意しておくのがおすすめ。退治しそこねたときは、どこに逃げたのかを確認します。その場所に駆除剤を置くなどして、虫が増えない対策をしましょう。

虫対策の基本

ゴミをこまめに捨てる

キッチンの生ゴミや、テーブルの上の食べかすなどはゴキブリのえさに。段ボール箱も格好の隠れ家なので、ため込まずに処分しよう。

水気をふく

暗くて湿気が多い場所はゴキブリにとって居心地のいい空間。キッチンのシンクに食器をため込まないようにして、洗い物のあとには水気をふきとろう。

注意! **観葉植物も
しっかり虫対策を!**

観葉植物を多湿の部屋に放置したり、土替えをしなかったりすると、そこは虫にとって最高のすみかに。しっかりお手入れをして、虫がわかないよう対策しましょう。

駆除剤を置く

置き型の駆除剤や粘着シートを置いておこう。えさが豊富なキッチン、水回りの暗所、侵入経路の玄関やベランダ付近に置くのがおすすめ。

密閉できるゴミ箱を使う

ゴミのにおいで寄ってきた虫に卵を産みつけられないよう、ふたつきなど密閉タイプのゴミ箱を使うと◎。

お米を冷暗所で保管する

気温が20℃を上回ると、お米に虫が発生することも。虫が活動できない、15℃以下の冷暗所で保管しよう。

ハッカ油スプレーをまく

ハッカ油には、虫を寄せつけない効果が。定期的にスプレーをまいて、虫の侵入を防ぎましょう。

玄関や窓など、虫が入ってきそうな場所にふきかけましょう。小皿に数滴たらして、ゴミ箱周辺に置くのもおすすめです。ハッカ油スプレーはドラッグストアで購入できますよ。

06 ゴミの出し方

ゴミは適当に出せるわけではありません。
地域や物件のルールに従って分別し、決められた日に出しましょう。

生活していれば、ゴミはあっという間にたまっていきます。ただし、何でもかんでも同じ袋にまとめて捨てるのはNGです。分別方法や収集日時などのゴミ出しのルールは、地域や物件によって異なるので、きちんと確認してから捨てましょう。ルール違反が、ご近所トラブル（▶P.178）に発展することもあるので要注意です。

ルールは
絶対守ろう！

自治体のルールを確認

□ 分別方法と収集日のチェック

市区町村の役所などのサイトから、まずは燃えるゴミ、燃えないゴミ、資源ゴミなどの分別方法をチェックしよう。収集日時は地域や物件によって異なるので、管理会社や大家さんからの案内をよく確認して。

□ ゴミ検索システムを活用する

自治体によっては「食品トレー」「スチールハンガー」など、捨てたいものの名前から、分別方法を調べることができる検索システムがある。分別方法がわからないときに活用してみよう。

気をつけよう！

**物件ごとの
ルールに注意！**

ゴミの収集場所や、ゴミ出しの時間帯など、住んでいるアパートやマンションによって決められたルールも守りましょう。

**危険物は
包んで捨てる**

割れた皿やグラス、包丁は新聞紙などで包み、ペンで「ワレモノ」「刃ものキケン」などと書いてから捨てます。

**資源ゴミは
しばって捨てる**

雑誌や漫画、段ボールは種類ごとにまとめて紐でしばります。粘着テープは資源ゴミではないため使わないように注意。

このゴミどう捨てる？

分別方法がわからないゴミは、ついついため込みがち。
捨て方を覚えて、身のまわりにある不要なものを減らしましょう。
*地域によって分別方法は異なります。

下着

紙に包むか小さく切って、下着だとわからないように
してから捨てよう。ブラジャーは、できればワイヤーを
外して分別を。

液体洗剤

小さな袋に古布や新聞紙を詰めて、捨てる液体洗
剤をしっかり染み込ませる。袋から液体がもれないよ
うに注意して。

個人情報が書かれたもの

住所や氏名が書かれた書類、伝票などは、文字が
読めない状態にしてから捨てよう。はさみで切り刻む、
文字の上からスタンプを押すなどの工夫をして。

乾電池

使い終わったらまず、＋極と－極に、セロハンテープ
を貼りつけ、絶縁させる。捨てるときは、家電量販
店などにある電池廃棄専用の回収ボックスへ。

スプレー缶

中身を全部使いきり、ほかのゴミとは別の透明な袋
へ入れる。袋には、ペンで「スプレー缶」「危険物」
などと書いてから捨てよう。

化粧品

化粧水やマニキュア、アイシャドウは、ティッシュなど
に中身を出してから容器を捨てる。マニキュアの瓶
の内側に液体が残ったときは除光液ですすぎ、すす
いだ液は、新聞紙や古布に染み込ませて捨てよう。

粗大ゴミ

多くの場合、一辺の長さが30cmを超えるものは、有
料の粗大ゴミとして扱われる。捨てるときは、事前に
ゴミ処理券を購入して、自治体へ回収の連絡が必要。
エアコンやテレビなど、家電リサイクル法により粗大
ゴミで出せないものもあるので注意。

○ 粗大ゴミで出せるもの

布団、ベッド、自転車、ソファ、テーブル、棚など

✕ 粗大ゴミで出せないもの

エアコン、テレビ、冷蔵庫、洗濯機、パソコン
など

リサイクルショップを利用しよう

まだ使えるものならリサイクルショップへ売る
ことも検討してみて。粗大ゴミを処分できる
だけでなく、お金をもらえるのでとてもお得です。

自分で梱包して、
フリマアプリに
出品してもいいかも！

\ ひとり暮らし経験者に聞いた！/

買ってよかった・使わなかった
掃除道具

たくさん種類があって、ついつい増やしがちな掃除道具。
ひとり暮らしの先輩たちのコメントを見て、どんなものが必要か見極めましょう。

買ってよかった

ハンディモップ

雑貨やテレビのまわりの
ほこりをサッとふけちゃう！ 小さいから
出しっぱなしでも目立たない。

ステンレス製の排水口カバー

備えつけのカバーがゴム製で、
しょっちゅうぬめりがたまってた……。
ステンレス製のほうが断然いい。排水口の
直径をはかって自分で買ったよ！

トイレのスタンプクリーナー

トイレ掃除がラクになった！
スタンプは手軽に押せるし、
香りつきがあるのも嬉しい♪

ロボット掃除機

家にいられないことが多いから、
留守中に掃除してくれると超助かる！
値は張るけど、いい買い物だった。

使い捨てお掃除シート

ドライとウェットどっちも便利。
汚れをふき取ったら、そのまま
ゴミ箱へ捨てられるので超ラクちん！

ほうきとちりとり

玄関やベランダを掃除するときに、
ササッと使えるので便利。
コンパクトなタイプがおすすめだよ！

使わなかった

大きな掃除機

置き場所に困るし、部屋が狭いと
小回りが利かなくて掃除しにくい。
フローリングワイパーで十分！

トイレ用、浴室用洗剤

ほとんど食器用洗剤で代用できるから
専用洗剤は使わずじまい。

ぞうきん

使ったあと洗うのがめんどくさい。
とくに冬は冷水で洗うのがイヤで
掃除したくなくなっちゃう……。

たわし、金たわし

まず、使う機会があんまりない。
金たわしでこすり洗いをしたとき、
鍋やシンクが傷ついてショック！

鏡用のスポンジ

メラミンスポンジで十分汚れを落とせる。
でも、コーティング加工された鏡には使え
ないから気をつけて！

おそうじ棒

「すき間の掃除にいいかも」と思った
けど、ハンディモップで十分だった。

自炊はゆる〜く
初めてOK

今日は何を
食べようかな

\ part /

5

食事

心身の健康になくてはならない食事。
とはいえ、無理に難しい料理に
挑戦しなくても大丈夫！
レトルトや冷凍食品なども活用しながら、
一汁一菜の食事を心がけて。

01 健康的な食生活を目指そう

料理が苦手な人も、家族に任せていた人も、これからは自分でなんとかしなくてはなりません。健康的な食生活の基本を知っておきましょう。

ひとり暮らしがスタートしたその日から、「今日のご飯、どうしよう？」が始まります。自炊か、外食を利用するのか、中食（買ってきたお惣菜やお弁当）にするのかなどを考え、それに合わせてキッチンの準備をしましょう。

ただし、どんな食のスタイルであっても、栄養のバランスがとれた食事を心がけて。糖質や脂質、塩分のとりすぎは、生活習慣病につながります。偏りのないよう、どの栄養素もきちんととるようにしましょう。

自炊

メリット
- 栄養のバランスを考えられる。
- 自分の好きなものが食べられる。
- 食費の節約になる。

デメリット
- 時間と手間がかかる。
- 料理が苦手だと作ること自体が難しい。
- 毎回洗い物が出る。

\\ アドバイス //

毎日きちんと作らなければと思うと続かないので、時間のあるときだけ作る、ごく簡単なものを作ればいいと気楽に始めよう。外食や中食を組み合わせても。

ゆるく自炊を始めよう ▶ P.86

外食

メリット
- 作る手間がかからない。
- すぐ食べられる。
- 家で作れない料理が食べられる。
- 片づけをしなくていい。

デメリット
- 食費がかかる。
- 糖質や脂質、塩分をとりすぎてしまう。

\\ アドバイス //

外食では脂質（揚げ物や肉）や糖質（どんぶりものやラーメンなど）の摂取が多くなりがち。野菜が入ったサイドメニューを注文したり、小鉢の多い定食を選んだりして野菜に含まれる栄養素を補おう。

中食

メリット
- 作る手間がかからない。
- 少量でも買うことができる。
- 種類が豊富で、栄養のバランスがとりやすい。

デメリット
- 味の濃いものや脂質の多いものが多い。
- 糖質や脂質、塩分をとりすぎてしまう。

\\ アドバイス //

揚げ物が多かったり、おにぎりだけにしたりすると、外食と同様に栄養が偏りがちに。野菜の多いメニューを選ぶようにし、家で食べるときはレタスやトマトなどをプラスしても。

体に必要な6つの栄養素

それぞれの栄養素が多く含まれる食材を知り、どの栄養素も食事でとることを目指しましょう。

(糖質)

体や脳を動かすエネルギー源になる。

- - - - - - - - - - - - - - - - -

主な食材 ご飯、パン、麺類、いも類、砂糖など。

(脂質)

エネルギー源や、細胞膜や臓器の構成成分になる。

- - - - - - - - - - - - - - - - -

主な食材 サラダ油、バター、肉の脂身、魚の油など。

(たんぱく質)

筋肉や臓器、骨、皮膚、髪、血液など体を構成する成分。

- - - - - - - - - - - - - - - - -

主な食材 肉、魚、卵、乳製品、大豆など。

(ビタミン)

血管や粘膜、皮膚、骨などの機能を正常に維持する。

- - - - - - - - - - - - - - - - -

主な食材 果物、緑黄色野菜、豚肉など。

(ミネラル)

骨や歯などを構成する。カルシウム、鉄、ナトリウムなど。

- - - - - - - - - - - - - - - - -

主な食材 牛乳、野菜、わかめ、きのこなど。

(食物繊維)

体内で消化できない成分。腸内環境を整える。

- - - - - - - - - - - - - - - - -

主な食材 野菜、きのこ、果物、豆など。

食事に5色の食材を

栄養素で考えるのは
難しい……。
そんな人は食事の中に
5色の食材を取り入れること
を意識しましょう。
食べる種類が増えて、栄養の
バランスが整いやすくなります。

白

- ・ご飯
- ・パン
- ・パスタ
- ・うどん
- ・豆腐
- ・牛乳
- ・豆乳
- ・大根など
- ・もやし
- ・玉ねぎ
- ・白菜

赤

- ・肉
- ・魚
- ・トマト
- ・にんじん
- ・いちご
- ・すいか
- ・パプリカ（赤）
など

緑

- ・ほうれん草
- ・キャベツ
- ・ブロッコリー
- ・ピーマン
- ・レタス
- ・小松菜
- ・きゅうり
- ・キウイなど

黄

- ・パプリカ（黄）
- ・かぼちゃ
- ・卵　・油揚げ
- ・じゃがいも
- ・とうもろこし
- ・柿
- ・オレンジ
- ・パイナップルなど

黒（茶）

- ・みそ
- ・ごぼう
- ・わかめ
- ・ひじき
- ・黒ごま
- ・納豆
- ・なす
- ・きのこなど

02 ゆるく自炊を始めよう

自炊は気負わず、ゆるい気持ちで始めましょう。
最初はうまくいかなくて当たり前。マイペースに続けていきましょう。

自炊は健康的で食費の節約にもなるのでおすすめです。しかし、時間や手間がかかることや、料理に慣れていないことなどから、躊躇してしまう人もいるかもしれません。時間に余裕のある日だけ作る、あるいはメインのおかずは買ってきて簡単なものだけ作るなど、自分なりのゆるいルールで取り組めばOKです。「ご飯を炊くだけ」など、簡単なことから始めていずれ一汁一菜が作れるように、スモールステップで続けていきましょう。

一汁一菜までの4つのステップ

 ステップ1 ご飯を用意する

まずはご飯を炊くことを習慣に。少し多めに炊いて、余った分は1食分ずつ冷凍しておけば、数日間は炊かずに済む。ゆとりがないときは、電子レンジで温めれば食べられるパックご飯でもOK。ご飯があれば、おかずは卵と納豆だけでもいいし、野菜が多めのお惣菜とインスタントのみそ汁だけでも1食になる。

 ステップ2 おかずを用意する

次に、レトルト食品や冷凍食品を温めたり、コンビニやスーパーのお惣菜を買ってきたり、料理の素を使っておかずを作ったりしてみよう。料理の素は、作り方通りに作れば確実においしくできあがるので安心。料理を作る楽しさも感じられるはず。

おすすめレシピ ▶ P.102〜107

ちょい足しのすすめ！

から揚げや牛丼がメインで野菜が少ないときは、お手軽野菜のちょい足しを。ミニトマトや袋入りのサラダ野菜、冷凍野菜を温めたものなどを加えるだけで、GOODな1食になります。

先輩 voice

 ブロッコリーはビタミンたっぷりと聞いたので、冷凍をチンして温野菜にしたり、カレーやパスタにインしたりしてるよ。

ステップ 3　1品だけ自分で作る

簡単にできる料理を選び、材料を切るところから挑戦してみて。フライパンや電子レンジがあれば、たいていの料理は作れるもの。最初は肉野菜炒めやカレーなどが、失敗が少ないのでおすすめ。

おかず

主食　　　　汁もの

ステップ 4　一汁一菜を作る

理想は一汁三菜（主食、汁もの、おかず3品がそろっていること）といわれるが、ひとり暮らしでは一汁一菜（主食、汁もの、おかず1品）で十分。メインを肉にするか魚にするかを決め、つけあわせの野菜や具入りの汁ものをそろえよう。そうすれば栄養のバランスもほぼ整う。

自炊の第一歩は
ご飯から！

お助けアイテムを常備しよう！

温めるだけで食べられる冷凍食品やレトルト食品、お湯を注げばOKのインスタント食品、ふたを開けるだけで食べられる缶詰はひとり暮らしの強い味方。おかずが足りないときにすぐ用意できます。長く保存ができるので、常備しておくと役に立ちます。

□主食……パックご飯、冷凍うどんなど
□メイン…ツナ缶、さば缶、
　　　　　焼き鳥缶、レトルトカレーなど
□汁もの…カップスープ、
　　　　　インスタントみそ汁など

食材ストックのすすめ▶P.101

レシピ本を1冊用意しよう

初心者さん向けに、基本をていねいに解説しているレシピ本を1冊手に入れましょう。そして、その本のレシピを1つずつ作ってみて。全部作り終わるころには、料理の腕が上がっているはずです。

そろえたいキッチン用品

料理初心者さんでもこれだけはそろえたいというキッチン用品を紹介します。
自分にぴったりのアイテムを選んで、自炊を楽しみましょう！

料理を作るとなれば、ある程度のキッチン用品が必要になります。しかし、ひとり暮らし用の物件では、キッチンはそれほど広くないことが多く、あれこれ買い込んでも収納しきれなかったり、結局使わなかったりすることも。

ここでは、ひとり暮らしで自炊を始めるときに、これだけは用意しておきたいというキッチン用品を紹介します。ほかにも便利なグッズはたくさんありますが、自炊が習慣になって、必要が生じたときに買い足していきましょう。

（ 深型のフライパン ）

炒める、焼く、煮る、ゆでる、揚げるなどさまざまな調理ができるので便利。2食分くらいを作るには少し大きめサイズが好ましいが、コンロのスペースを確認して選ぼう。焦げつきにくいフッ素樹脂加工のものは手入れがラク。ふたがあれば蒸し焼きもできる。

おすすめのサイズ
直径20〜26cm
深さ10〜15cm

注意!

ガスコンロではなくIHヒーターの場合、使用できないフライパンや鍋があります。購入する際は使用可能かどうか必ず確認を。

（ 小鍋 ）

おすすめのサイズ
直径15〜18cm

ひとり分の汁ものやラーメンを作るときや、少量の野菜をゆでたり煮たりするときに便利。やかん代わりにもなる。

（ 包丁とまな板 ）

包丁はさびないステンレス製がおすすめ。まな板は調理スペースに合わせた大きさのものを選ぶ。シンクよりもまな板が大きすぎると洗いづらいので、買う前にシンクの大きさをチェックしておこう。

まな板
使いやすいサイズ
30cm×20cm程度

包丁
使いやすいサイズ
刃の部分が
15〜20cm

菜箸・おたま・フライ返し

調理中に食材をつかんだり混ぜたりする菜箸は、つかむときに材料が滑りにくい竹製が定番。汁ものをすくうおたまや、料理を混ぜたりひっくり返したりするフライ返しは、鍋やフライパンを傷つけない素材がおすすめ。

菜箸　おたま　フライ返し

おすすめの素材
ナイロンやシリコン

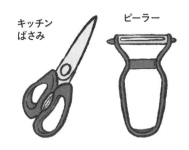

キッチンばさみ　ピーラー

キッチンばさみ・ピーラー

キッチンばさみは、包丁代わりに野菜や肉、魚のほか、ハムやちくわといった加工食品なども切ることができる。一方向に引くだけで野菜の皮がむけるピーラーも便利。どちらも手に持ってみて、持ちやすさを確認しよう。

計量カップ・計量スプーン

水や調味料の分量をはかるときに便利。計量スプーンは大小1本ずつ持っておけば大丈夫。

知っておきたい料理の基本 ▶ P.92

ざる

麺や野菜をゆでてざるにあけるときや、洗った野菜の水切りをするときなどに必要。

おすすめのサイズ
直径25cm程度

ボウル

おすすめのサイズ
直径25cm程度

食材を混ぜあわせたり、ひたしておいたりと、料理の下ごしらえに活躍するボウル。ざるの直径に合わせて、ざるがちょうど収まるサイズを選ぶと使い勝手がいい。大・中・小のサイズをそろえておくとなお便利。

大さじは、ただの大きいスプーンじゃなくて、量が決まっているよ

04 そろえたい調味料、食器

さまざまな料理に使える調味料と、最低限そろえたい食器類を紹介します。
好みや必要に応じて、少しずつ買い足していきましょう。

食器は一汁一菜（▶P.87）用のものをそろえるところからスタートするといいでしょう。茶わん、おわん、おかず用の皿の3点です。

次は、よく食べるものにあわせてそろえていきましょう。ラーメンやうどんをよく作るならどんぶりを、刺身や冷凍ぎょうざなどをよく買うなら調味料用の小皿といった具合です。最初は和・洋・中との料理にでも使えるよう、シンプルなデザインのものがおすすめです。

調味料は使用頻度の高いものから買いそろえます。ひとり暮らしの少量の食事では、調味料はなかなか減りません。ドレッシングや「〇〇のたれ」などの加工調味料は、種類を増やすと収納にも困ります。厳選して買うように心がけましょう。

食器は、色味をそろえて買うと
食卓に並べたときにはおしゃれに、
収納したときにはすっきり見えるよ

まずは定番食器をそろえる

茶わん、おわん

自分の手の大きさにあったものを選ぶ。実家で使っていたものを持ち込んでも。

おかず用の皿

直径21cmほどで、少し深さのある皿が便利。カレーライス、パスタなどもこの皿で。

どんぶり

インスタントラーメンやうどんを食べるならぜひ欲しい。具だくさんスープや、どんぶりものにも必須。

小鉢や小皿

サラダや納豆などを入れる小鉢と調味料用の小皿は1〜2枚あると便利。

グラス、マグカップ

そのまま電子レンジにかけられる耐熱性のものがおすすめ。

箸、スプーン、フォーク

使い捨てはもったいないので、使い勝手のいいお気に入りを見つけてみよう。

調味料は3段階で考える

ステップ1 味つけの基本の5アイテム

「さしすせそ」で表される基本の調味料は5種類。これにサラダ油かオリーブ油があれば、一般的な家庭料理はたいてい作れる。それぞれ使いきるのに時間がかかるので、小さいサイズを買うのがおすすめ。

 さ　砂糖

 し　塩

す　酢

 せ　しょうゆ

そ　みそ

「さしすせそ」は、煮物を作るときに入れる調味料の順番も表しています。

ステップ2 味のバリエーションが広がる3アイテム

ソース、ケチャップ、マヨネーズは、毎日は使わないけれど、ないとさびしい調味料。焼きそば、ナポリタン、サラダなど手軽に作れるメニューで活躍するので、買っておくと心強い。

ステップ3 かければOKの便利調味料

ポン酢、ドレッシング、焼き肉のたれなどは、1つで味が決まる頼れる調味料。でも比較的出番が少なく、冷蔵庫の肥やしになりがち。厳選し、増やしすぎないようにして。

料理がラクになるおすすめアイテム

料理をよくするようになったらとり入れてみましょう！

めんつゆ

だしが入っているので、だしの素代わりに使える。煮物や卵とじ、吸い物、おひたしなどに大活躍。

だしの素、スープの素

お湯をわかして入れるだけで、おいしい汁ものがすぐに作れる。スープの素は中華風（鶏がら）と洋風（コンソメ）があり、料理により使い分けたい。

おろしにんにく、おろししょうが

レシピによく登場するにんにくとしょうがは、丸ごとの状態で買うと使いきれないことも。チューブタイプなら保存でき、使い勝手もいい。

知っておきたい料理の基本

レシピには「大さじ〇」「小さじ〇」「弱火で〇分」などの用語が登場します。
基本的な用語と調理法を理解しておきましょう。

料理初心者さんほどレシピに忠実に作りたいもの。書いてある通りに調味料をはかったり、火加減を調節したりすることが、おいしく作るための基本になります。作る前に、レシピをひと通り読んでから始めましょう。そのときに知っておきたいのが、料理用語や調理法です。これだけは知っておいてほしいものについて説明します。

計量の用語

1カップ=200mL　　1合=180mL

計量カップと米用カップはちがうもの!

「1カップ」「1/2カップ」などと表記されるときは計量カップを使用。米用カップは一般的に炊飯器についてくるもので、「1合」をはかるもの。1杯で20mLも違うので、間違えないようにしましょう。

大さじ1=15mL　　小さじ1=5mL

大さじ1は小さじ3

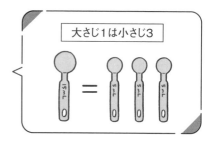

塩少々とひとつまみ

少々は親指と人差し指の先でつまんだ量が目安。ひとつまみは親指と人差し指、中指でつまんだ分量。

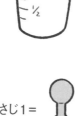

適量と適宜

適量は入れることが前提。量は好みで加減する。適宜は入れるか入れないかを各自で判断する。

気をつけよう!

mLとgはちがう!

計量カップや大さじは、容量=mLをはかるもの。重さ=gは、はかりではかります。容量と重さは別のものですが、レシピには混在していることも多いので注意。ちなみにバター大さじ1は約12g。

火加減の用語

弱火

鍋底に炎が当たらない程度。IHでは10段階表示なら2〜3くらい。＊機種によります。

中火

鍋底に炎の先がちょうど当たっている状態。IHでは10段階表示なら4〜5くらい。

強火

鍋底に炎がくっついて広がっている状態。IHでは10段階表示なら6〜8くらい。

調理法

水をひたひたに入れる

鍋の中の材料が、汁から見え隠れするくらいの量。じゃがいもなど、比較的火が通りやすいものをゆでたり煮たりするときに。

ひと煮立ちさせる

汁がぐつぐつと煮立ったら、火を止めるか弱める。沸騰後、煮立せるのは長くても30秒くらいが目安。煮物の仕上げなどに。

肉の色が変わるまで

加熱により、肉の赤いところがほとんどなくなり、白っぽい茶色に変わった状態。炒め物で肉に先に火を通すときなどに使われる。

焼き色をつける

焼いている材料の表面が、こんがりときつね色（明るい茶色）になること。肉や魚、グラタン、ホットケーキなどのレシピに出てくる。

アクをとる

肉や野菜を煮たとき、表面に白や茶色の泡のようなものが浮いてくるが、これがアク。おたまや網じゃくしですくいとる。

煮詰める

煮汁がほぼなくなるまで煮ること。焦げつかないように、鍋をゆすりながら煮る。

油がまわったら

炒め物で、材料全体に油がなじんで、つややかになったときのこと。次の材料を入れる目安になる。

粗熱をとる

粗熱とは加熱調理した直後の熱のこと。これを手で触ることができるくらいまでに冷ますこと。材料を広げて手早く冷ます。

水気をきる

材料についた水分をとること。ゆでたり洗ったりした材料をざるにあけて自然に水気を落とす、材料を手でしぼる、キッチンペーパーでふいたり包んだりするなど、方法はさまざま。

しっかり覚えてね！

室温に戻す

バターや肉を冷蔵庫から出し、常温に近づけること。バターはやわらかくなる。肉は内部に火が通りやすくなる。

余熱

火を止めたあとにも残っている鍋の熱や、加熱された材料自身の熱。それを計算して早めに火からおろすことを「余熱で火を通す」という。

06 電子レンジの基本

お弁当やお惣菜、残ったおかずなどを手軽に温めることができる電子レンジ。
短時間で調理することができるので、上手に活用しましょう。

電子レンジは食品に電波を当てて加熱する調理家電。コンロやオーブンのように外側からの熱で温めるのではなく、食品の内部がいきなり煮立ったような状態になります。

基本的な機能は温めと解凍ですが、蒸したり煮たりといった調理もできます。右ページのように加熱すれば、じゃがいもやさつまいも

もすぐにやわらかくなり、手軽に温野菜が食べられます。

電子レンジは製品によって機能が違います。自炊をしようと思っているなら、パンをトーストしたり冷凍ピザを焼いたりできるオーブン機能つきがおすすめです。

加熱にも
コツがあるよ！

電子レンジ活用の3つのコツ

コツ 1 やりすぎない！加熱時間は短めに

パンや中華まんの皮は、加熱時間が数十秒多いだけで、びっくりするほどかたくなる。一度かたくなったものは元には戻らない。加熱時間は短めにセットし、様子を見ながら加熱していくことが、電子レンジ活用の最大のポイント。

コツ 2 食品は正しい位置に置く

加熱ムラができるのは、主に食品を置く場所が原因。庫内にターンテーブルのないフラット式は、中央に置かれた食品をセンサーで判断して温めるので、中央に置くのが正解。ターンテーブル式は、1か所から電波を出してテーブルを回しながらムラなく温める仕組みなので、中央を避けて置く。

コツ 3 ラップはふんわりかける

電子レンジでラップを使うのは、水分の蒸発を防ぐため。ラップをかけるときは、蒸気の圧力で破裂しないように中央をこんもりとさせ、端はぴったり容器につけよう。水分を逃がしてカラッとさせたい揚げ物などはラップはなしで。ただし様子を見ながら短時間ずつ加熱しよう。

注意！ **金属の容器やアルミホイルは✕**

金属は電波を反射するので、金属容器に入れたものは温まりません。それどころか金属を加熱すると放電し、火花や発火のおそれがあるので、電子レンジでの使用は厳禁。金や銀の飾りのある食器も、火花が散って金銀が焦げてしまうため避けましょう。

電子レンジでカンタン調理

覚えてしまうと便利だよー

野菜の下ごしらえ

野菜はラップで包むか、ふたのある容器に入れるかして加熱すれば、ゆでたり蒸したりしたのと同じ状態に。加熱後、調味料をかければ温野菜として立派な1品になります。よく洗ったあと、水分をつけたまま加熱するのがポイント。

*すべて100gの場合。

ほうれん草、小松菜 キャベツ、白菜 もやし	500Wで1分20秒
	600Wで1分
ブロッコリー グリーンアスパラガス なす	500Wで1分50秒
	600Wで1分30秒
〈ひと口大の〉 じゃがいも、かぼちゃ 〈いちょう切りの〉 にんじん、大根	500Wで2分30秒
	600Wで2分

卵料理

卵は殻から出せば、電子レンジOK。ただし黄身をそのまま加熱するときは、ようじやフォークなどで穴をあけること。時間は短めに設定し、様子を見ながら加熱し、好みのかたさに仕上げよう。

| サラダや サンドイッチに 〈ゆで卵風〉 | 小さな耐熱容器に卵1個を割り入れ、ようじなどで黄身に穴をあける。水大さじ1ほどを加えてラップをし600Wで1分加熱する。 |
| そぼろご飯や 朝食に 〈炒り卵〉 | 耐熱容器に卵を割り入れ、塩、こしょう少々またはめんつゆと砂糖少々を加えて混ぜる。ラップなしで600Wで1分加熱し、ふわふわになったらすぐにフォークでつぶすように混ぜれば完成！ |

W数が違うときの計算

電子レンジはW数が違うと加熱時間が変わるので、まずW数を確認しましょう。レシピや冷凍食品などに書かれているのは500Wと600Wが主流ですが、使うレンジと違ったら次のように計算して。

> 500Wの加熱時間を

600Wの時間にするには…時間×0.8
700Wの時間にするには…時間×0.7

> 600Wの加熱時間を

500Wの時間にするには…時間×1.2
700Wの時間にするには…時間×0.8

肉料理

蒸し鶏や蒸し豚も超カンタン！

| 〈蒸し鶏〉 〈蒸し豚〉 | 耐熱容器に鶏むね肉200gまたは豚薄切り肉200gを入れ、酒・水各大さじ1をふり、ラップをふんわりとかけて600Wで4〜5分加熱。鶏肉はラップをとらずにそのまま冷まし、冷めたら手で割く。 |

気をつけよう！

液体の過熱で突沸が起こる

液体を加熱しすぎた状態で、動かしたり何かを加えたりすると、突然沸騰がふき上がることが。これを突沸といいます。温めすぎたときはすぐに触れず、時間をおいてからとり出します。

加熱しすぎの出火に注意！

食品を長時間加熱すると、水分がなくなって炭化し、ついには出火します。紙を加熱するのも出火の原因に。十分に注意しましょう。

07 ムダのない買い物をしよう

ひとり暮らしでは、食材を使いきれず腐らせてしまいがちです。
買い物の仕方や使いきる工夫でムダを抑えましょう。

節約のために自炊をしていても、食材を使いきれずに捨ててしまっては、意味がありません。買い物に行ったら必要なものを必要な量だけ買うことを心がけ、買ってきた食材は適切な方法で保存して、使いきりましょう。

そのためには、少量のパックを選ぶ、下ごしらえが不要の冷凍食材を買うという選択もありです。買うときは割高感があるかもしれませんが、腐らせて捨ててしまうよりはムダがなく経済的です。

ムダのない買い物をする5つのコツ

コツ 1 毎日買うのではなく まとめ買いをする

買い物に行く回数が多くなればなるほど、出費は増える。買い物は1週間に1〜2回にし、数日分の食材を計画的にまとめて買うほうが節約に。

コツ 2 何を作るかおおまかに 考えてから出かける

メニューを決めずに行くと、ムダな買い物をしがち。「親子丼と焼きそばと、肉野菜炒めを作ろう」など数日分のメニューを考えてから出かけよう。

コツ 3 冷蔵庫の中身を チェックしてから出かける

冷蔵庫に何がどれだけ残っているかをチェックして、重複や買い忘れを防ごう。残っている食材を使いきるメニューも考えておくといい。

コツ 4 買い物リストを 作ってから行く

何を買うのかリストアップ。リストにないものが欲しくなったときは、本当に必要か、使いこなせる食材か、よく考えてからかごへ。

コツ 5 特売品に 飛びつかない

「本日限り」「特売」だからといって、普段あまり使わない食材は買わないこと。使い回しがきく食材（にんじんやキャベツなど）、常温で日持ちがする食材（じゃがいもや玉ねぎなど）など定番食材ならOK。

本当に必要か
考えて！

食材を使いきる、捨てない5つの工夫

 工夫1 少量でいいなら
カット野菜を買う

食べやすいサイズに切られて袋に入っているカット野菜は、余らせることが少ないのと、値段が安定しているのが魅力。

 工夫2 保存がきく
冷凍野菜を買う

必要な量だけ使えて保存がきく冷凍野菜は、使いきりやすい。

 工夫3 使い慣れていない
食材に挑戦しない

使い慣れていない食材を選ぶと、結局使うことなく捨ててしまうことになりやすい。余らせがちな食材、あまり食べない食材には手を出さないほうが無難。

 工夫4 冷蔵庫に入れておく
食材の数を決めておく

1週間で食べきれる量を把握し、冷蔵庫に入れる野菜は5種類まで、肉は3種類までなどと数を決めておこう。きちんと使いきることを心がけて。

 工夫5 多めに作って食材を
使いきり、作りおきにする

鍋いっぱいに野菜スープを作る、ハンバーグを3〜4個作るなど、多めに作って食材を使いきるのもおすすめ。作りおきになるのもいいところ。

保存期間の長い
缶詰やレトルト食品の
買いおきもおすすめ！

注目

消費期限と賞味期限の違い

食品には消費期限または賞味期限が表示されています。
塩や砂糖、アイスクリーム、酒類など、期限の表示のない食品もありますが、
表示の有無に関係なく、いずれも開封したら早く使いきりましょう。

消費期限

その日付の日まで「安全に食べられる」という期限。お弁当、おにぎり、サンドイッチ、生魚、生肉など傷みやすい食品に表示されています。期限を過ぎたら食べないほうがいいでしょう。

賞味期限

その日付の日まで「品質が変わらずおいしく食べられる」という期限。消費期限が表示されている食品よりは傷みにくい食品（牛乳、ペットボトル飲料、缶詰など）に表示されています。期限を過ぎても食べられないわけではありません。

食材の保存

食材は、それぞれに適した方法で保存することが大切です。
よく使う食材の保存方法の基本を覚えておきましょう。

野菜、肉、魚などの生鮮食品は、買ってきたらまずは冷蔵庫へ入れましょう。常温で保存することが適している野菜もありますが、多くの野菜は冷やしたほうが日持ちします。

冷蔵庫内の温度はJIS規格で決められていて、冷蔵室は2〜5℃、野菜室は3〜7℃、チルド室は0℃、冷凍室は−18℃以下です。

冷蔵室内のプラスチックの引き出しが、チルド室。温度が低いので、肉や魚といった生ものを入れます。豆腐、ちくわ、ハムなどの加工食品、乳製品、調理したおかず、使いかけの調味料などは普通の冷蔵室で保存します。

冷蔵保存と常温保存に分ける

（ 冷蔵保存 ）

*2〜3日保存する場合。それ以降、冷凍保存できる食材はP.100の保存方法を参照。

- [ ] 葉もの野菜
- [ ] きゅうり
- [ ] ブロッコリー
- [ ] ピーマン
- [ ] キャベツ
- [ ] トマト
- [ ] にんじん
- [ ] きのこ類
- [ ] 肉、魚
- [ ] 卵
- [ ] 豆腐
- [ ] 納豆
- [ ] 乳製品

（ 常温保存 ）

*野菜は丸ごとや泥つきの場合。使いかけやカットされた野菜は冷蔵保存する。

- [ ] じゃがいも
- [ ] 玉ねぎ
- [ ] なす
- [ ] 大根
- [ ] かぼちゃ
- [ ] さつまいも
- [ ] ごぼう
- [ ] 長ねぎ
- [ ] 白菜
- [ ] にんにく
- [ ] 調味料

冷蔵保存の基本

野菜 ビニール袋に入れて（包装されていればそのまま）野菜室または冷蔵室へ。*もやしはチルド室へ。

肉、魚 すぐに使うなら、パックのままチルド室へ。消費期限（▶P.97）が過ぎてしまいそうなら冷凍保存。

卵、豆腐、納豆、乳製品 卵は卵トレイへ、その他はパックのまま冷蔵室で保存する。

常温保存の基本

野菜 紙で包み、直射日光が当たらない涼しい場所に置いておく。*かぼちゃは包まなくてOK。にんにくはネットに入れて吊るしておく。

調味料 塩、こしょう、砂糖は開封後も常温保存。その他の調味料は表示されている方法で保存。

*冷蔵庫のサイズによっては、チルド室や野菜室がないものもあります（その場合はすべて冷蔵室へ）。

冷凍保存の4つのポイント

 ポイント1 使いやすい形状で保存する

冷凍したあとに切るのは難しい。そのまま調理できるように、野菜は薄切り、ざく切り、みじん切り、細切りなど使いやすい形状に切って冷凍。

 ポイント2 1食分ずつ小分けする

料理を作るときに必要な分だけ取り出して使うことができるように、食材は1食分ずつ小分けしてラップで包んで冷凍する。

 ポイント3 薄く平らに入れ、空気を抜いて閉じる

ラップに包んだり冷凍用保存袋に入れたりするときは、薄く平らにし、しっかり空気を抜いて閉じる。短時間で凍らせることができ、場所をとらない。

 ポイント4 加熱したものは冷ましてから冷凍室へ

冷凍室の温度が上昇するのを防ぐため、ご飯やゆで野菜など加熱したものを保存するときは、完全に冷ましてからラップで包んで冷凍室へ。

食材別冷凍保存の方法

冷凍する場合、ご飯は炊きたてを包み、野菜、肉、魚はできるだけ新鮮なうちに冷凍するのがベスト。

 (ご飯)

1食分ずつ平たくしてラップで包み、冷凍用保存袋に入れて。食べるときは電子レンジで解凍する。

(パン)

食パンなら1枚ずつラップで包み、冷凍用保存袋に入れて。食べるときは凍ったままトーストする。

 野菜

多くの野菜は生のまま冷凍可能。使いやすい大きさに切って冷凍用保存袋に入れて。使うときは冷凍のまま加熱する。

(切り身魚)

1切れずつラップで包み、冷凍用保存袋に入れて。使うときは冷蔵室に移して解凍し、調理する。

 (肉)

ひき肉…冷凍用保存袋に薄く平らに入れ、袋の上から箸などで1食分の筋をつけて。使うときは筋のところで折る。
薄切り肉…1食分ずつラップで包み、冷凍用保存袋に入れて。
いずれも使うときは冷蔵室に移して解凍し、半解凍の状態で調理する。

よく使う食材の保存方法 ▶ P.100

	食材	2〜3日の保存	2〜3日目以降の保存
野菜	キャベツ	ビニール袋に入れて（または包装のまま）、野菜室（または冷蔵室）へ。	食べやすい大きさに切って冷凍用保存袋に入れて冷凍。凍ったまま調理する。
	きゅうり		薄切りにして、塩をふり、しんなりしたら水気をよくしぼってから、小分けして冷凍。解凍してポテトサラダや酢の物に。
	トマト		ヘタを取ってラップで包み、冷凍用保存袋へ入れて冷凍。凍ったまま水をかけて皮をむき、煮込み料理やスープに。
	にんじん		食べやすい大きさに切って冷凍用保存袋に入れて冷凍。凍ったまま調理する。
	ピーマン		食べやすい大きさに切って冷凍用保存袋に入れて冷凍。凍ったまま調理する。
	ブロッコリー		小房に分け、冷凍用保存袋に入れて冷凍。凍ったまま調理する。
	ほうれん草		かためにゆでて水気をしぼり、使いやすい長さに切り、小分けして冷凍。解凍して、または凍ったまま調理する。
	にら		食べやすい大きさに切って冷凍用保存袋に入れて冷凍。凍ったまま調理する。
	オクラ		食べやすい大きさに切って冷凍用保存袋に入れて冷凍。凍ったまま調理する。
	もやし	袋のままチルド室（または冷蔵室）へ。	水で洗ってから、水気をよく切り、冷凍用保存袋に入れて冷凍。凍ったまま調理する。
	アボカド（完熟）	ビニール袋に入れて、野菜室（または冷蔵室）へ。	食べやすい大きさに切って、ラップで包んで冷凍用保存袋に入れて冷凍。解凍して、または凍ったまま調理する。
	きのこ類	ビニール袋に入れて（または包装のまま）、野菜室（または冷蔵室）へ。	小房に分けたり薄く切ったりして冷凍用保存袋に入れて冷凍。凍ったまま調理する。
果物	いちご	パックのまま野菜室（または冷蔵室）へ。	ヘタを取って冷凍用保存袋に入れて冷凍。食感が変わるので、凍ったまま氷代わりに炭酸水に入れたりスムージーにしたり。
	オレンジ	ビニール袋に入れて、野菜室（または冷蔵室）へ。	食べやすい大きさに切り、冷凍用保存袋に入れて冷凍。凍ったまま氷代わりに炭酸水に入れたり、スムージーにしたり。
肉・魚	薄切り肉	パックのままチルド室（または冷蔵室）へ。	1食分ずつラップで包んで冷凍用保存袋に入れて冷凍。半解凍して使用する。
	ひき肉		冷凍用保存袋に入れ、1食分ずつ箸で筋をつけ小分けにする。使う分を折り、解凍して使用する。
	切り身魚		1切れずつラップで包んで冷凍用保存袋に入れて冷凍。解凍して使用する。
その他	豆腐	パックのまま冷蔵室へ。開封後は密閉保存容器に移し、かぶるくらいの水を入れて冷蔵室へ。	未開封ならパックごと冷凍用保存袋に入れて冷凍。室温で解凍し、水気を絞る。食感が変わるので炒めものに。
	納豆	パックのまま冷蔵室へ。	未開封ならパックごと冷凍用保存袋に入れて冷凍。解凍して使用する。
	油揚げ	パックのまま冷蔵室（またはチルド室）へ。使いかけはラップで包む。	食べやすい大きさに切って冷凍用保存袋に入れて冷凍。解凍して、または凍ったまま調理する。
	こんにゃく	パックのまま冷蔵室へ。開封後は密閉保存容器に移し、かぶるくらいの水を入れて冷蔵室へ。	—

食材ストックのすすめ

買い物に行けない日があっても、保存のきく食材のストックがあれば安心です。
自分の好きなもの、使いやすいものを準備しておきましょう。

　買い物ができなかった、料理を作る時間がないなど、困ったときにすぐに食べられるものがあると心強いもの。レトルト食品やインスタント食品、缶詰などが便利です。常温保存できるので、災害時用も兼ねていくつかストックしておくといいでしょう。

　また、1回に使う量が少ないひとり暮らしでは、冷凍の食材も便利です。下ごしらえがしてあるので、袋から必要な量をとり出して加えるだけで栄養補給ができます。

すぐに食べられる
ものは大事だよ！

おすすめストック食材と使い方

主食

パックご飯
米が切れた、お弁当のご飯が足りない、というようなときの心強い味方。災害時用にも常備したい。

パスタ（乾麺）
長期保存できるので、ぜひストックしたい。レトルトのパスタソースがあれば、すぐに1食完成。

冷凍うどん
つゆで煮るか、レンチンしてめんつゆをかければ食べられる。卵やねぎ、わかめがあれば立派な1食。

主菜

さば缶、ツナ缶
魚料理も缶詰なら手軽。おかずとしてそのまま食べても、サラダやパスタにのせるなどしても。

冷凍食品
ぎょうざやから揚げなどの主菜系、ピラフやパスタなどの主食系も常備すれば、心にゆとりが。

レトルト食品
カレーや麻婆豆腐など、いくつか買いおきしておくと安心。そのまま食べられる災害時用のものも。

汁もの

インスタントスープ
カップや粉末、フリーズドライのものがある。一汁一菜の「一汁」が手軽に用意できる。

乾物

カットわかめ
みそ汁やうどんにそのまま入れたり、もどしてサラダにトッピングしたり。手軽にミネラル補給を。

切り干し大根
生の大根よりも栄養価が高い。水につけてもどしてしぼり、そのまま酢のものやあえもの、サラダに。

冷凍食材

野菜
ゆでる、揚げるなどの下ごしらえがされているので便利。使いたい量をとり出せるのでムダがない。

肉、魚
使いやすい状態で冷凍されているひき肉や薄切り肉、切り身魚など。必要な分だけ使えてムダがない。

ねこ先生の パパッとご飯講座

料理が苦手、めんどくさい……。そんなあなたに、
レシピというほどでもない、のせるだけ・あえるだけの食べ方をご提案。
包丁も火も使わず作れるのに、なかなかおいしくてびっくり!?

パパッと のっけご飯

パックご飯や、冷凍ご飯をレンチンして、
あとはのせるだけ！

食べ方 1 卵＋塩昆布

卵かけご飯にちょい足しするなら味の濃いものが◎。ごま油をたらすとコクと香りがアップ。

食べ方 2 鮭フレーク＋のり＋わさび

さっぱりわさびがアクセント。のりはちぎってふりかけ、しょうゆをたらしてもおいしい。

食べ方 3 豆腐＋キムチ

豆腐は絹ごしがおすすめ。スプーンですくってのせ、キムチと混ぜながらどうぞ。しょうゆをかけて、かつおぶしなどをプラスしてもおいしい！

食べ方 4 ハム＋とけるチーズ

熱々ごはんにチーズをのせればドリア風!?
ハムはこまかくちぎってケチャップをかけても。

食べ方 5 ツナ缶＋大葉

ツナ缶の油や汁気をきって中身をのせ、ちぎった大葉を散らす。しょうゆやマヨネーズ、七味などをかけて。

カット野菜のサラダや
ミニトマトなどを
そえられるとGOODだね

パパッと あえ麺

ストックしやすい冷凍うどんか乾麺のパスタでパパッと。
どちらもゆでて、あえるだけ！ 味が足りないときは、
塩・こしょう、しょうゆ、めんつゆなどを追加して。

食べ方 1 卵＋めんつゆ

うどんによく合う定番の味。ねぎやしょうが、
ゆずこしょうなどの薬味もあれば風味アップ。

食べ方 2 ツナ缶＋めんつゆ

ベビーリーフをのせれば、見た目も栄養も◎に。
マヨネーズやバターを加えればコクがアップ。

食べ方 3 納豆＋オリーブ油

納豆と添付のたれ、オリーブ油を混ぜてあえ
るだけ。のりや大葉をちぎって散らしても。

食べ方 4 味つきいわし缶＋オリーブ油

いわしは食べやすく崩して汁ごとイン。トマト煮
なら洋風に。しょうゆやみそ煮など、和風の味
つけもよく合います。

食べ方 5 明太子（たらこ）＋バター

バターの代わりにオリーブ油でもおいしい。
のりや大葉をちぎって散らしても。

食べ方 6 梅干し＋しらす

梅干しは夏バテ予防にぴったり。しらすの代
わりに、ちりめんじゃこでもおいしい。ごま油
やめんつゆをかけると、ツルッと感がアップ！

食べ方 7 塩昆布＋大葉

オリーブ油やバターを加えても。大葉はこま
かくちぎるか、キッチンばさみで切って。

麺をゆでている間に
具材を用意しておくと、
効率よく作れるね！

作ってみたい 人気のおかず

レシピ ① ハンバーグ

材料（2食分）

A	あいびき肉	200g
	玉ねぎのみじん切り	1/4個分
	パン粉	大さじ3
	塩・こしょう	各少々
	サラダ油	大さじ1/2
B	ケチャップ	大さじ1
	ウスターソース	大さじ1
	水	大さじ1

ベビーリーフやミニトマトなど、好みのつけあわせ

作り方

❶ **A**をボウルに入れ、手で練り混ぜる。

❷ ❶を二等分し、手のひらに打ちつけて空気を抜く。小判形に整えて、中心をへこませる。

❸ フライパンにサラダ油を入れて熱し、❷を並べ入れて中火で焼く。5分ほど焼いて裏返し、ふたをして8〜10分ほど弱火で蒸し焼きにする。

❹ 焼き上がったら皿に盛り、キッチンペーパーでフライパンの油をふきとり、**B**を入れてひと煮立ちさせ、ハンバーグにかける。好みのつけあわせをそえる。

ミニトマトやベビーリーフをつけあわせてもいいね！

レシピ ② 肉じゃが

材料（1〜2食分）

豚バラ薄切り肉		100g
じゃがいも		1個
玉ねぎ		1/2個
サラダ油		小さじ1
水		1/2カップ
A	砂糖	大さじ1
	酒	大さじ1
	しょうゆ	大さじ1

作り方

❶ 豚バラ肉、じゃがいもは食べやすい大きさに、玉ねぎはくし形に切る。

❷ 鍋にサラダ油を入れて熱し、玉ねぎを入れて炒め、透き通ってきたら豚バラ肉も加えて炒める。肉の色が変わったらじゃがいもを加え、全体に油がなじんだら、水を注ぐ。

❸ 沸騰したらアクをとり、**A**を加える。グツグツした状態を保つくらいの火加減で、じゃがいもに火が通るまで煮る。

カレー粉

カレー風味にするのもおすすめほかの調味料と一緒に混ぜるだけ！

基本のみそ汁

汁ものの基本、みそ汁の作り方を覚えましょう。
具材はあるものでOKですよ。

材料(1食分)

水 ……………… 1カップ	乾燥わかめ … 小さじ1
だしの素 ……… 適量	みそ ………… 大さじ1
豆腐 ………… 1/2丁	

作り方　小鍋に水を入れて火にかけ、沸騰したらだしの素を入れる。食べやすく切った豆腐とわかめを入れ、豆腐が温まったら弱火にしてみそを溶かしながら入れる。

レシピ③　麻婆豆腐

材料(2食分)

絹ごし豆腐 ……………………………………… 1丁	
サラダ油 ……………………………………… 小さじ2	
おろしにんにく(チューブ) ………… 1cm程度	
おろししょうが(チューブ) ………… 1cm程度	
豚ひき肉 …………………………………… 100g	
豆板醤 ……………………………………… 小さじ1〜2	
┌水 …………………………………… 1/2カップ	
┌みそまたは甜麺醤 …………………… 大さじ1	
A しょうゆ ………………………………… 大さじ1/2	
└酒 …………………………………… 大さじ1	
水溶き片栗粉 …… 片栗粉小さじ2+水大さじ1	

作り方

❶ 豆腐は2cm角に切る。

❷ フライパンにサラダ油とにんにく、しょうがを入れて火にかけ、豚ひき肉を加えて、色が変わるまで炒める。

❸ 豆板醤を加えて炒めて香りを出し、**A**を加えて混ぜる。

❹ 中火で煮立たせ、❶を入れて、豆腐が温まるまで煮る。

❺ 水溶き片栗粉は鍋に加える直前によくかき混ぜる。加えたら、とろみがつくまで煮る。

豆腐の代わりに
炒めたなす、ゆでた春雨でも!

レシピ④　ぶりの照り焼き

材料(2食分)

ぶり ……………………………………… 2切れ	
塩 ………………………………… 小さじ1/4ほど	
片栗粉または小麦粉 …………………… 大さじ1	
サラダ油 …………………………………… 大さじ1	
┌しょうゆ ………………………………… 大さじ1	
A みりん …………………………………… 大さじ1	
└砂糖 …………………………………… 大さじ1/2	
長ねぎやピーマンなど、好みのつけあわせ	

作り方

❶ ぶりの表裏に塩をふって、5分ほどおく。キッチンペーパーで水気をしっかりふきとる。

❷ ぶりに片栗粉または小麦粉をふり、余分な粉はふり落とす。

❸ フライパンにサラダ油を入れて熱し、❷を入れて中火で2〜3分焼く。裏返してさらに2分焼き、キッチンペーパーでフライパンの油をふきとる。

❹ **A**を混ぜあわせてフライパンに入れ、照りが出るまで弱火で煮からめる。つけあわせをそえる。

＊つけあわせに長ねぎやピーマンをそえるときは、❸で一緒に焼く。長ねぎなら1/2本を5cm幅に、ピーマンなら1個を食べやすい大きさに切る。

長ねぎやピーマンを一緒に焼いて
つけあわせてもいいね!

あともう1品ほしいとき、お弁当のおかずが足りないときに役立つ簡単な副菜のレシピを紹介します。

*レシピはすべて2食分。　*電子レンジは600Wの設定。

すぐできる 小さなおかず

レシピ 1 キャベツの塩昆布サラダ

材料
キャベツ ………… 2枚
塩昆布 …………… 12g
白ごま ………… 小さじ1
オリーブ油 …… 小さじ1
レモン汁 ……… 小さじ1

作り方　キャベツをざく切りにする。ボウルにすべての材料を入れてよくあえる。

> オリーブ油をごま油にしても◎。

レシピ 2 もやしナムル

材料
もやし ………… 1/2袋
ごま油 ………… 小さじ1
塩 ……………… 小さじ1
黒すりごま …… 大さじ1
おろしにんにく
　（チューブ）… 少々

作り方　鍋に水を入れてごま油、塩、もやしを入れて火にかける。沸騰したらもやしをざるにあけ、水気をきって器に移す。黒すりごまとおろしにんにくを入れてあえる。味が薄いときは塩でととのえる。

レシピ 3 なすとみょうがの和風サラダ

材料
なす ……………… 2本
塩 …………… 小さじ1/3
みょうが ………… 2個
┌しょうゆ
│ ………… 大さじ1/2
A│酢 ……… 大さじ1
│ごま油 - 大さじ1/2
└からし … 小さじ1/2

作り方　なすとみょうがを薄切りにする。なすは塩をまぶして5分おき、水気が出たらよくしぼる。Aを混ぜあわせ、なすとみょうがを入れてあえる。

> なすに塩をまぶすと水分と一緒にアクが抜けるよ。

レシピ 4 レンチンかぼちゃサラダ

材料
かぼちゃ …… 1/8個
ベーコン ………… 2枚
┌ヨーグルト
│ ………… 大さじ1
│マヨネーズ
A│ ………… 大さじ1
│塩・こしょう
└ ………… 各少々

作り方　かぼちゃは水にくぐらせてからラップで包み、電子レンジで4分加熱。粗熱がとれたらボウルに入れ、皮を除いて実をつぶす。ベーコンは1cm幅に切り、キッチンペーパーで挟む。電子レンジで2分加熱し、かぼちゃが入ったボウルに入れる。Aを加えて混ぜあわせる。

レシピ ⑤

ツナとひじきの
マヨポンサラダ

副菜のレパートリーがあると
食生活が充実するよ！

材料

ツナ缶 ………… 小1缶
乾燥ひじき ……… 10g
玉ねぎ ………… 1/4個
ミニトマト ………… 4個
コーン水煮缶 ……… 10g
マヨネーズ … 大さじ2
ポン酢 ……… 大さじ1

作り方 玉ねぎは薄切り
にして水にさらす。ミニトマ
トは半分に切る。ひじきは
水で戻し、ツナ缶は汁気
をきる。玉ねぎの水気をよ
くきって、すべての材料を
混ぜあわせる。

ポン酢がないときは、
酢としょうゆ
各大さじ1/2でOK！

レシピ ⑥

白菜コールスロー

材料

白菜 ………………… 2枚
きゅうり …………… 1/2本
にんじん ……… 4cm程度
塩 …………… 小さじ1/2
ハム ………………… 2枚
コーン水煮缶 ……… 30g
A ┌ マヨネーズ … 大さじ2
  │ 酢 ………… 大さじ1
  └ こしょう ………… 少々

作り方 白菜、きゅうり、
にんじんはせん切りにし、
塩をふって混ぜ、10分ほ
どおく。野菜の水気が出
たらよくしぼる。ハムは半
分に切ってからせん切り
にする。Aを混ぜあわせ、
すべての材料を入れてあ
える。

レシピ ⑦

チンゲン菜の中華風おひたし

材料

チンゲン菜 ……… 1株
A ┌ しょうゆ
  │ ………… 大さじ1/2
  │ 酢 ……… 大さじ1/2
  │ ごま油 - 大さじ1/2
  └ 塩 ……………… 少々

作り方 チンゲン菜を半
分に切って葉と茎に分け
る。茎は縦に8等分する。
さっと水で洗ってラップで
包み、電子レンジで4分
加熱。冷水にさらし、ざる
にあけて水気をきる。チン
ゲン菜を器に盛り、Aを
混ぜあわせてかける。

茎は縦に8等分に
切るよ

レシピ ⑧

わかめと豆腐の韓国風サラダ

材料

乾燥わかめ ………… 4g
木綿豆腐 ……… 1/2丁
かいわれ大根 …… 40g
ミニトマト ………… 4個
A ┌ 白いりごま … 大さじ1
  └ ごま油 …… 大さじ1

作り方 わかめは水で戻
し、水気をきっておく。豆
腐はひと口大に、かいわ
れ大根は半分に切る。ミ
ニトマトは4等分する。A
を混ぜあわせ、すべての
材料とざっくりあえる。

レシピ ⑨

ブロッコリーのチーズ焼き

材料

ブロッコリー … (小房)12個
マヨネーズ ………… 大さじ2
ピザ用チーズ ……… 30g
パン粉 ……………… 少々

作り方 ブロッコリーは水にくぐらせラップで包
み電子レンジで2分加熱する。耐熱容器にブ
ロッコリーを入れ、マヨネーズとピザ用チーズを
加えて混ぜあわせる。パン粉をふってトースター
で7〜8分焼く。

お弁当を作ろう

学校や職場での昼食時に、毎回外食をしていると食費がかかり、栄養も偏りがちに。簡単なお弁当を作って持っていくと節約面でも健康面でも◎。

お弁当作りというと、「早く起きられない」「朝から料理を作るのはめんどう」と思うかもしれません。でも、作るのも食べるのも自分です。昨日の夕飯と同じおかずでもよし、冷凍食品を使ってもよし。「どんなお弁当でもいい」と割り切ればハードルも下がります。

慣れてくると、自分なりにラクに作るコツや、「これでもいいんだ」という手抜き加減などもわかってくるもの。基本をおさえて、お弁当生活を始めましょう。

お弁当作りの6つのコツ

コツ1 夕飯のおかずを多めに作る

夕飯の主菜、副菜は少し多めに作り、お弁当用に取りおきしておこう。朝、温め直すだけでいいのでラク。

コツ2 小さめのフライパンを用意する

卵やウインナーを焼いたり、少しの野菜を炒めたりするのには、直径15cm程度の小さなフライパンが重宝。

コツ3 お弁当用に少しずつとっておく

きゅうり3cmとちくわ1本、ミニトマト2個、ハム1枚など、いろいろな食材を少しずつ残しておくと、お弁当のすき間にフィット。

コツ4 ご飯は1食分ずつ冷凍しておく

ご飯は多めに炊いて1食分ずつ冷凍しておこう。朝は電子レンジで解凍し、詰めるだけでOK。

コツ5 市販の冷凍食品を買っておく

メインのおかずがない、あと1品入れたいというときに、「買っておいてよかった」と思うのが冷凍食品。好みのものを常備しよう。

コツ6 定番おかずを決めておく

「卵焼き、ブロッコリー、ミニトマト、ちくわきゅうりはいつも入れる」など、小さなおかずの定番を決めてしまえば、メインを入れるだけで完成。

先輩voice

お弁当箱にこだわってみるのもおすすめ。お気に入りのお弁当箱を使うと、モチベーションがアップするよ！

冷凍食品は自然解凍OKのものを選ぶと時短に。おかずカップがついていればそのまま入れられるよ。

詰めたご飯がかたくて食べられないことがある。ご飯を冷凍するときは、蒸気が逃げないうちに包むといいよ。

お弁当の基本

お弁当であっても、栄養や味つけのバランスは献立を考えるときと変わりません。健康的なお弁当を意識して作りましょう。

主食＋主菜＋副菜が基本

主食（ご飯、パン、麺などの炭水化物）、主菜（肉、魚などのたんぱく質）1種類、副菜（野菜やきのこなどのビタミン、ミネラル）2種類を入れるのがベスト。

赤、黄、緑の食材を意識して使う

カラフルなお弁当は見た目がいいだけでなく、栄養のバランスもGOOD。いろいろな色の食材を使いたい（▶P.85）。

冷めてもおいしく、味は濃いめに

冷めると味を感じにくくなるので、少し濃いめの味つけに。残り物を詰めるときは、再加熱してたれや調味料をからめるといい。

味に変化をつける

甘辛いおかず、酸味のあるおかず、塩気のあるおかずなど、味のバリエーションがあるとおいしく感じられ、満足感のあるお弁当に。

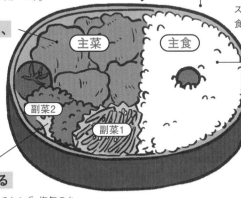

主菜／主食／副菜2／副菜1

主食→主菜→副菜の順に詰める

まず主食のご飯を詰めてから、主菜、副菜の順番で詰めていくとやりやすい。すき間なくきっちり詰めたほうが片寄らない。

食中毒を防ぐポイント

お弁当が傷まないように、菌を「つけない」「増やさない」「やっつける」の原則を守って作りましょう。

☐ **手をキレイに洗ってから作る**

調理の前だけでなく、生肉や生魚、生卵を触ったときにも手を洗って菌をつけない。

☐ **お弁当箱はキレイに洗って乾かす**

四隅のぬめりがなくなるまで洗い、ふたのパッキンも外して洗う。よくすいで完全に乾かしたものに詰めよう。アルコール除菌スプレーを使うと安心。

☐ **おかずは中心まで加熱する**

おかず（前日作っておいたものも含む）は中心までしっかり加熱して、菌をやっつける。卵の半熟もNG、完全に固まるまで火を通そう。

☐ **冷ましてから詰める**

ふたにつく水滴はお弁当が傷む原因。熱がこもって水滴が発生することのないように、ご飯やおかずはよく冷ましてから詰めよう。

☐ **汁気はきってから詰める**

水分が多いと菌が増えやすいので、おかずの汁気はよくきる。かつおぶしやすりごまなどであえると、汁もれが防げるうえに旨味もアップ。

☐ **保冷剤を入れる**

とくに暑い時期は保冷剤を入れると安心。温かいところに置いておくと菌が増えやすいので、なるべく涼しいところで保管する。

後片づけの基本

食べ終わったらしなくてはいけないのが、後片づけ。後回しにせず、パパッと片づけてしまうのが、実はいちばんラクだと心得て。

後片づけは、時間が経てば経つほどめんどうになるので、なるべく早く済ませてしまいましょう。少しでもラクにするために、食べるときの皿数を最小限にしたり、洗う前に汚れをふきとっておいたりしても◎。調理中に出るボウルや鍋などの洗い物もシンクにためておかず、そのつど洗うように心がけましょう。

また、キッチンは毎日使うので汚れがたまりやすい場所。害虫予防のためにも、いつもキレイにしておきたいものです。

食後の後片づけ

1 使ったキッチン用品、食器を洗う

食器やフライパンなど、油汚れなどが残らないようキレイに洗おう。

2 シンクを洗う

洗い物がすべてシンクからなくなったら、シンクもキレイに。

3 シンクの周囲をふく

調理台や壁、蛇口のノズルなどもサッとひとふき。

4 ふきんを洗って乾かす

濡れたふきんを放置すると、雑菌が繁殖！こまめに洗おう。

イヤになる前にやっちゃおう！

食器

❶油汚れをふきとる

こってりした油汚れは、キッチンペーパーやボロ布、ゴムべらなどで落とす。こびりつきは水につけてふやかしておく。

\\ 洗うときのコツ //

❷洗剤で洗い、よくすすいで水をきる

洗剤を泡立てて油汚れの少ないものから洗い、泡を洗い流す。水きりかごやふきんの上に並べて水をきる。

ガラス製の器

スポンジで洗剤を泡立て、内側と外側を洗う。洗ったあとは自然乾燥でもいいが、水道水の成分が残って白い水垢となるので、気になる場合はふきんで水滴をふきとる。

フライパン、鍋

表面の汚れをキッチンペーパーやゴムべらなどで取り除く。スポンジで洗剤を泡立て、表面を傷つけないようにやさしく洗う。外側にも油が飛んでいるので忘れずに洗おう。

注意！

フッ素樹脂加工のフライパンは、調理直後のまだ熱いうちに水を入れるのはNG。急に冷やすとフッ素加工がダメになる原因になります。

キッチンをキレイに保つ

キッチンがキレイだと、
料理のやる気もアップ！

キレイなキッチンは気持ちがよく、料理を作るのもスムーズに。
汚れはためずに、こまめに掃除しましょう。

まな板はアルコール除菌をする

プラスチック製のまな板は、洗剤をスポンジで泡立ててこすり洗いして流し、乾いたらアルコールスプレーをふきかける。

壁もふく

コンロの奥の壁にも油が飛び散っている。コンロのまわりをふくついでに壁もふこう。

コンロのまわりは調理後すぐにふく

汁や油などが飛び散っているので、調理後、汁や油が温かいうちにふきとる。

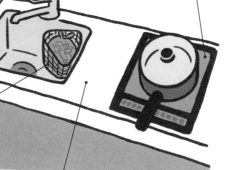

シンクを洗う

後片づけが終わったら、最後にスポンジでシンクの壁面と底面もこすり、水で洗い流す。

生ゴミはすぐに処理をする

生ゴミはにおいや虫の発生のもと。水気をよくきってビニール袋に入れ、ゴミ箱に捨てる。

調理台をアルコールでふく

最後は調理台やシンクのまわりをふきんで水ぶきし、水気が乾いたらアルコールで除菌する。

ふきんは清潔に！

ふきんは、テーブルや調理台をふく台ふき用と、食器をふく食器用の最低2枚は必要です。どちらも濡れたままにしておくと雑菌が繁殖してイヤなにおいに。食器用洗剤で洗ったあと、台所用漂白剤につけおきし、すすぎ洗いしてから干して完全に乾かします。洗濯機でほかの洗濯物と一緒に洗っても清潔になります。

洗って使えるキッチンペーパー

破けにくい素材でできていて、水洗いをしながら何度も使えます。汚れの少ないもの、場所から使い始め、最後は排水口や床などをふいてゴミ箱へ。

不織布のキッチンダスター

吸水性が高い不織布でできていて、洗って干しておけばすぐに乾きます。布ふきんと同様に使い、数日で交換を。

COLUMN

\ ひとり暮らし経験者に聞いた！ /

おすすめの
レトルト食品＆保存食

ひとり暮らしの先輩たちがストックしている食品をご紹介！
自分の好みに合うものをチョイスしてみましょう。

レトルトカレー

ストック品の定番！
野菜カレー、キーマカレー、
グリーンカレーなど、いろんな
味を買いおきしてるよ。

梅干し

塩分濃度が高くて腐りにくいよ。疲労
回復の効果も期待できるから、疲れた
日の献立に取り入れるのがおすすめ。

大豆ミート

植物性原料でできているのに、本物の
お肉みたい！ タイプはレトルト、乾燥、
冷凍の3種類あるよ。保存がきくうえに、
栄養もとれる♪

料理の例
● から揚げ ● ハンバーグ
● 肉じゃが ● ミートソース

レトルトご飯

白米が食べたいのに炊く時間がない……。
そんなときの救世主！ 水と塩と一緒に
煮れば、おかゆも作れちゃうよ。

どんぶりの素

温めてご飯にかけるだけだから、
超ラク！ レトルトと冷凍タイプ
があるよ。わたしのお気に入り
は牛丼、中華丼の素。

パスタ、そば、うどん

ゆでればすぐ食べられるし、乾麺は賞味
期限が長いから非常食にも。かけるだけの
ソースやつゆでも、いろんな味が楽しめる！

麺を使ったレシピ▶P.103

インスタントみそ汁

お湯を注ぐだけですぐ食べられて
便利！ 「わかめ」「豆腐」
「長ねぎ」「油揚げ」など具材が
数種類入ったパックを買ってる。

レトルトおでん

普段の食事だけでなく、風邪をひいた
ときにも食べやすい。電子レンジ調理の
タイプなら、洗い物が出なくて嬉しい！

ツナ缶

長期間保存できるし、料理のアレンジにもぴっ
たり。あっさりしたノンオイルタイプもあるよ。

ツナ缶を使ったレシピ▶P.102、103、107

キムチ

冷蔵庫に常備！ 野菜炒めに
加えたり、豆腐にのせたり、サラダに
そえたりと食べ方はいろいろ♪

洗濯

洗濯は生活に欠かせない
必須家事のひとつ！
洗濯のコツをきちんと覚えて、
シワのないシャツや
型崩れのないきれいな衣類で、
気持ちのよい新生活を送りましょう。

洗濯機に入れる前に
ポケットの中身を確認！

ティッシュを洗うと
大惨事…！

01 洗濯の基本

「どんな服でも洗濯機に放り込めばOK」だと思っていませんか？
衣類を傷めないように、洗濯の基本をしっかりおさえましょう。

洗濯は生活に欠かせない家事のひとつです。お気に入りの衣類を長持ちさせるために、まずは"ていねいな洗濯でしっかり汚れを落とす"ことを心がけましょう。何も気にせずに衣類を洗っていると、汚れが落ちなかったり、生地を傷めるおそれがありますよ。

洗濯は「洗濯機で洗う（▶P.116）」「手洗いする（▶P.118）」「クリーニング店に出す（▶P.124）」の3つの方法があります。衣類の洗濯表示を確認して、洗濯方法も上手に使い分けましょう。

週に2〜3回は洗濯を

洗濯1回分の電気代・水道代は、合わせて約30円。毎日洗濯した場合と、週1回洗濯した場合とでは、年間で約9000円の差が生じます。電気代・水道代をセーブしながら、衣類を清潔に保ちたいという人は週に2〜3回のペースで洗濯するのがおすすめ。

洗剤・柔軟剤・漂白剤

まずはこの3種類をそろえましょう。一般洗濯用洗剤＋柔軟剤に、汚れやにおいが気になるときは漂白剤を加えます。

一般洗濯用洗剤

液体、粉末、ジェル、石けんがある。弱アルカリ性で洗浄力が高い。普段使いには洗剤の溶け残りが少ない液体洗剤がおすすめ。大切な衣類には、中性の「おしゃれ着用洗剤」が◎。

柔軟剤

衣類をふんわり仕上げる効果がある。ゴワつきと静電気が気になるときに使うと◎。消臭、抗菌、シワ予防、香りつきなど、種類が豊富。

漂白剤

シミや黄ばみ、イヤなにおいを落とす効果がある。酸素系と塩素系のものがあり、洗濯で主に使われている酸素系は色柄物にも使える。

洗濯表示

衣類のタグに描かれた洗濯表示を見てみましょう。
洗濯するときの取り扱いがひと目でわかります。

主な洗濯表示		

カテゴリ	表示	取り扱い
洗濯	〔95〕 〔60〕 〔40〕	家での洗濯機洗いができる。数字は洗濯液の上限温度を、下線は洗い方の強さを示す。
	手洗いマーク	手洗いができる。洗濯液の上限は40℃。
	洗濯桶×マーク	家での洗濯NG。クリーニング店に出そう。
漂白	△ △(斜線) △(×)	三角のみは酸素系と塩素系、どちらの漂白剤も使える。斜線入りは酸素系のみ使用可能、×入りは漂白不可。
クリーニング	Ⓟ Ⓕ Ⓦ ⊗	PとFはドライクリーニング、Wはウェットクリーニングができる。×はクリーニング不可。
アイロン	アイロン記号(点1・2・×)	中の点の数が、底面温度の上限を示す。×はアイロン使用不可。
乾燥 （自然乾燥の場合）	□縦線 □縦線斜 □横線 □横線斜	縦線は吊り干し、横線は平干しを示す。斜線入りは日陰で干すのがおすすめ。

115

02 洗濯機の使い方

まずは基本中の基本となる、洗濯機の使い方をマスターしましょう。
正しく使って、衣類も洗濯機も清潔に保ちましょう。

全自動式洗濯機は、水をたっぷり使って、衣類同士の摩擦や水流を利用して汚れを落とします。洗濯するときは「標準」「ドライ」「お急ぎ」といった"コース"を使い分けましょう。一般的なのは「標準コース」ですが、洗う衣類に合わせてコースを選ぶことで、汚れ落ちがよくなり、お気に入りの衣類が傷むのを防げます。洗濯機の使い方と機能を確認して、効率よく洗いましょう。

洗剤の量は水量から決められるよ

洗濯機での洗濯の流れ

＊洗濯機により手順や機能が異なることもあります。

1 洗濯物を入れる

服のポケットは空っぽか、ほかの衣類と洗っても大丈夫か、洗濯表示はどうなっているかなどを確認してから入れる。

洗濯表示 ▶ P.115

2 コースを選ぶ

コースによって水流の強弱や、洗い・すすぎの回数などが変わる。ボタンを押して適したコースを選ぶ。

3 スタートボタンを押す

スタートすると、洗濯物に対しての水の量や、洗剤の量の目安が表示される。

4 洗剤や柔軟剤を入れる

水量に合わせて、洗剤や柔軟剤の量をはかって入れる。それぞれ投入口が違うので確認して。

洗剤・柔軟剤・漂白剤 ▶ P.114

5 ふたを閉める

ふたを閉めて洗濯開始。あとは待つだけ。ふたを閉めないと動かない洗濯機もある。

＼ 洗い上がったら… ／

6 すぐに取り出して干す

洗濯物を入れたままにしておくとシワがつく。雑菌の繁殖にもつながるので、すぐに取り出すことが大事。

すぐ乾く上手な干し方 ▶ P.120

洗濯機のコース

洗濯機によりコース名が違うこともありますが、内容はほぼ一緒です。

標準

Tシャツ、下着、タオルなど、普段着や日用品の洗濯にはこのコース。洗い1回→すすぎ2回が一般的。

お急ぎ・スピード

標準に比べ、洗いの時間が短くなり、すすぎが1回になるコース。使用や汚れが少ないものに。

毛布・大物

たっぷりの水量で通常コースより時間をかけて、大きな洗濯物を傷みを防ぎながら洗う。ネットに入れて洗うのがベター。

ドライ・手洗い・おしゃれ着

ニット、ワンピース、パンツなど、縮みや型崩れが心配な服はこのコースで。やさしい水流と短時間の脱水でダメージが少ない。おしゃれ着専用の中性洗剤を使うのがおすすめ。

手作り、自分流

洗い、すすぎ、脱水の時間や回数を独自に設定する。記憶させておけるので、同じ設定でよく洗うのなら便利。

> 洗浄効果の高い洗剤を使うときは洗い時間を短く、すすぎ1回でOKという洗剤ならすすぎの回数を減らすなど、使用する洗剤に合わせて変更するといいです。

コースを使いこなして洗濯上手になろう

先輩 voice

洗濯後のシワが悩みだったリネンのシャツ。ドライコースで洗濯したらほとんどシワがつかなくて、アイロンいらずに！

気をつけよう！

洗濯物を一度に入れすぎない

一度に洗う量は、洗濯機の8割程度にしましょう。入れすぎると水流が弱くなって汚れがきちんと落ちなかったり、洗剤カスが残ったりすることがあります。

ふたを開けて乾燥させる

洗濯槽に水分が残っていると、カビや雑菌が増える原因に。洗濯後は早めに洗濯物を取り出し、ふたを閉めずに乾燥させます。

洗濯槽は定期的に掃除する

洗濯槽はキレイに見えても、糸くずや水あかなどがたまり、カビが発生しやすいもの。1〜2か月に一度、槽洗浄コースで汚れをキレイに落としましょう。

03 おしゃれ着は手洗いしよう

「手洗い」マークがついた衣類は"やさしく押し洗い"が鉄則！
衣類への負担を減らすことが、長持ちにつながります。

ニットやシルクなど、デリケートな素材には手洗いがおすすめ。洗濯機で洗うと縮んだり、シワシワになったり、傷みの原因になります。手洗いの手順を確認して、おしゃれ着を長持ちさせましょう。ただし、洗濯表示に「家での洗濯×」のマークがある場合は手洗いもNG。クリーニング店へ出して、正しい方法で洗濯してもらいましょう（クリーニングの出し方▶P.124）。

衣類にシミがついてしまったときも、手洗いすれば簡単に落とせることがあります。食器用洗剤や漂白剤などを使った、手軽にできる対処法を覚えましょう。

手洗いでの洗濯の流れ

＊衣類により手順が異なることもあります。

手洗いした分
思い入れも深まりそう！

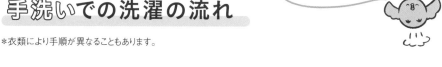

1 そで口を外にしてたたむ

シミなどの目立つ汚れは先に落とし、汚れた部分を表にしてたたむ。

シミ抜き▶P.119

2 洗面器に洗剤液を作る

洗濯表示に従って、上限温度内の水におしゃれ着用中性洗剤を溶かす。洗剤はボトルに書かれた分量を守って。

3 両手でやさしく押し洗い

服を洗濯液にひたして、上から両手でやさしく20〜30回押し洗いする。

4 すすぎを2〜3回する

水を入れ替えて、再度手で押してすすぐ。これを2〜3回繰り返す。最後のすすぎは柔軟剤を入れて行う。

5 脱水する

タオルで水気を吸いとるか、洗濯ネットに入れるかして、洗濯機で20〜30秒脱水する。脱水後は形を整えて、日陰で干す。

シミ抜き

シミには水溶性、油性、不溶性の3種類があります。種類によって使う道具が異なるので、シミ抜きする前に何のシミかを確認しましょう。

基本のシミ抜きの方法

こぼした食べ物などの固形物を取り除いてから、シミの下にハンカチやティッシュを敷く。水で濡らしたティッシュを使って、シミの上からポンポンたたく。

> シミがついたからといって、すぐに洗濯機で洗うのはNG。シミが落ちないどころか、長く洗った分、衣類へのダメージが大きくなります。

シミの種類	シミの内容	シミ抜きの方法
水溶性	しょうゆ、コーヒー、みそ汁、酒類など	歯ブラシに食器用洗剤をつけ、たたいて水ですすぐ。
	血液	付着してすぐのときは、水洗いをする。固まってしまったときは、歯ブラシに食器用洗剤をつけ、たたいて水ですすぐ。
油性	バター、化粧品、ドレッシングなど	歯ブラシに食器用洗剤とクレンジングオイルを1：1で混ぜた液をつけ、たたいて水ですすぐ。
不溶性	襟そで、脇の黄ばみや黒ずみ、泥はねなど	ぬるま湯に酸素系漂白剤を溶かし、20～30分つけおきしてから、洗濯機で洗う。襟そでや脇に直接、酸素系漂白剤を塗りつけて洗ってもいい。

家具も衣類と同じように、洗濯表示を確認してね！

家具やファブリックの洗い方

(寝具)

週1回は天日干しをして、湿気を飛ばそう。布団を外に干せないときは、イスにかけるなどして風を通して。

(ソファ)

布製のものは粘着クリーナーでほこりを除去。汚れが気になるときは、薄めた食器用洗剤をつけたふきんでふく。革製はやわらかい布で汚れをふきとる。

(カーテン)

大きな洗濯ネットに入れておしゃれ着用中性洗剤で洗う。脱水後、カーテンレールに吊るして乾かす。風を当てるのを忘れずに。

04 洗濯物の干し方&たたみ方

洗濯は「洗ったら終わり」ではありません。
衣類の干し方とたたみ方のコツを覚えて、洗濯上手になりましょう!

洗濯物を干すときのポイントは風通し。風通しが悪いと衣類の乾きが遅くなり、雑菌がどんどん繁殖してしまいます。雑菌は、衣類にイヤなにおいがつく原因です。洗濯物の干し方を工夫して、乾くまでの時間を短縮させましょう。

乾いた衣類は、たたんでクローゼットへしまいます。たたむときのポイントは、見やすく取り出しやすい形にすること。引き出しの幅や高さに合わせてたたむと、収納がラクちんですよ。

干す前は大きく2〜3回
振りさばいて!

すぐ乾く上手な干し方

(長短干し)

長いものと短いものを交互に干すと、風の通り道ができる。

(前後ずらし)

物干し竿の前後で長さを変えて、なるべく広い面積に空気を当てる。

(筒干し)

ボトムスは裏返し、ピンチハンガーを使って筒状に干すと、空気が入りやすい。

(平干し)

重たいニット類は、ハンガーにかけて干すと型崩れの原因に。洗濯表示に従って、ネットの上で平干しを。

**衣類を干す間隔は
握りこぶし1つ分に**

洗濯物同士の間隔が狭いと湿気がこもりやすくなり、生乾きの原因に。しっかりと間隔を空けて、風を通りやすくしましょう。

部屋干し

部屋干しで気になるのが、生乾きからくるカビとイヤなにおい。
1回の洗濯物の量を少なくして、短時間で乾かすことを意識しましょう。

エアコンや扇風機で除湿する

窓を閉め切っているときは、エアコンや扇風機を使って空気を循環させよう。

部屋干し臭対策をする

除菌成分が含まれた洗剤や柔軟剤、消臭スプレーを使って、雑菌の繁殖を防ごう。

浴室乾燥を利用する

「浴室乾燥」の機能がついている物件なら、浴室が洗濯物を干すスペースになる。浴室の壁につっぱり棒を取りつけると◎。

気をつけよう！

カーテンレールには干さない

部屋干しに活用できそうに思えますが、実はNG！ 空気の流れが悪く、せっかく洗濯した衣類にほこりやイヤなにおいがついてしまいます。

冬は結露やカビへの対策をする

部屋干しは、室内の湿度を高めます。それにより、冬場は窓に結露が発生することも。こまめな換気を心がけて、カビの繁殖を防ぎましょう。

先輩 voice

 花粉症の人は部屋干しがおすすめだよ。外干しすると、花粉が洗濯物についてしまい、部屋へ持ち込む原因に！

型崩れしないたたみ方

（ Tシャツ ）

❶背中側を表に向けて広げ、そでを縫い目に沿わせて折る。❷両脇を背中の中心に合わせて折り込む。❸❹裾から2回折りたたむ。

`エリア別整理術 ▶ P.68`

（ 下着 ）

ショーツ

❶前側を表に向けて広げ、左右から重ねるように折りたたむ。❷ウエストのほうから1/3を折る。❸下からも折ってウエストのゴム部分に入れる。

トランクス・ボクサーパンツ

❶まん中で縦半分に折る。❷❸さらに左右から重ねるように折りたたむ。❹ウエストのほうから1/3を折り、下からも折ってウエストのゴム部分に入れる。

05 衣類をお手入れしよう

衣類を長持ちさせるには、日々のお手入れやシーズンオフの
管理方法にも気をつけましょう。

頻繁に洗濯することができないアウターやニット。着用後、すぐにクローゼットへしまってはいませんか？　頻繁に洗濯ができない衣類ほど、日ごろのケアが大切になります。

帰宅したら、まずハンガーに吊るしましょう。

外出中についたゴミやほこりを衣類用ブラシで落とし、乾燥させてからクローゼットへしまいます。このひと手間が習慣化すると、自然と衣類の長持ちにもつながりますよ。

衣類の簡単ケア

(ブラシかけ)

毎回洗えない服は、衣類用ブラシを使って繊維の中に入ったゴミやほこりを落とす。上から下に動かすのがポイント。

(毛玉取り)

指先でつまめる毛玉は眉用はさみでカット。小さな毛玉は衣類用ブラシか食器用スポンジの固い面でやさしくこする。

(におい取り)

タバコや焼き肉などのにおいは、スチームアイロンを使って蒸気を当てると気にならなくなる。消臭スプレーを利用しても◎。

(シワ取りスプレー)

衣類をハンガーに吊るした状態でスプレーをし、生地を引っ張るように伸ばすと、シワが目立たなくなる。

(防水スプレー)

バッグや靴などの小物にかけると、布の撥水性が高まり雨の日対策になる。定期的にかけると効果が持続する。

サッとできるケアを
習慣づけよう！

気をつけよう！

衣替えは、汚れを落としてから

シーズンオフのものをしまうときは、きちんと汚れを落としてから防虫剤と一緒に保管します。とくにニット類は虫に食われてしまうことも。衣替えのタイミングがわからないときは、気温を目安にしてみましょう。夏物は最低気温が18℃を超えたころ、冬物は最高気温が18℃を下回ったころに出すのがおすすめです。収納前は、来シーズンに残す服の取捨選択を忘れずに！

服についた花粉は玄関先で落とす

春はとくに、服についた花粉を部屋へ持ち込みがち。帰宅したら、部屋に上がる前に衣類用ブラシを使って花粉を落としましょう。

覚えておきたいお直し法

まずは玉結びした糸を
針に通してね！

（ ボタンのつけ方 ）

布の裏から針を刺し、ボタンの穴に通す。つぎにボタンの上から反対側の穴へ通す。

手順 3
針を表側に出したらボタンの穴には通さず、ボタンの根元に糸を2〜3回巻きつける。

手順 2
①を2〜3回繰り返す。このときボタンは布地から0.5㎝程度浮かせた状態に。

手順 4
針を布の裏側へ出し、針に糸を2〜3回巻きつけてから針を抜き、玉止めをする。

（ ほつれの直し方 ）

裾の折り山の裏側から針を入れる。

0.5㎝程度先の表布を少しだけすくい、裾の裏側から針を通す。

手順 3
②を繰り返してほつれた部分が修繕できたら最後に裏側で玉止めをする。

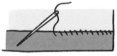

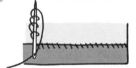

簡単お直しグッズ

裁縫が苦手な人におすすめの、便利グッズを紹介します。

☐ ワンタッチボタン

☐ ほつれ止め液

☐ 布用両面テープ

☐ ウエストクリップ

☐ ウエストアジャスター

ワンタッチボタンは、針と糸を使わずにボタンを取りつけられるお手軽グッズ。外出先でボタンが取れてしまったときの応急処置にも便利。裾回りのお悩みには、ほつれ止め液や、布用両面テープがおすすめ。洗濯OKの衣類用を選ぼう。

ほとんどのグッズが
100円ショップで買えるよ！

\ ひとり暮らし経験者に聞いた！ /

洗濯の失敗談

ひとり暮らしの先輩たちから、
洗濯にまつわるトラブルを教えてもらいました。
よくある失敗例と、その対処法を見ていきましょう。

CASE 1 ティッシュを洗って紙くずまみれ…

対処 柔軟剤を溶かした水に30分つけおきしてから、何度かすすぎ洗いをする。紙くずは乾燥させると取れやすくなるので、一度干してから大きく振りさばいて。

CASE 2 セーターを洗濯したら小さくなってしまった！

対策 おしゃれ着用中性洗剤で手洗いする。2〜3回すすいだら、軽く脱水し、手のひらでセーターを押してのばしてから平置きで陰干しする。

CASE 3 下着を洗濯したらクタクタになってしまった！

対策 下着は洗濯用ネットに入れて洗い、形を整えてから干す。洗濯用ネットを使うと、下着が水流で変形したり、ほかの洗濯物と絡まったりするのを防いでくれる。

CASE 4 タオルに黒い斑点がついてしまった！

対処 黒い斑点の正体はカビ！ 60℃のお湯に酸素系漂白剤を入れて、20分つけおきする。洗濯機ですすぎと脱水をしたら、風通しのいい場所で乾かして。

クリーニング店を活用しよう！

　大切な服や、自宅で洗えない衣類の洗濯は、クリーニング店に任せましょう。クリーニング店は衣類の洗濯だけでなく、シミ抜きや毛玉取り、ほつれや破れの修復などにも対応してくれます。洗い方、修復の希望などがあれば店員さんに相談してみましょう。

クリーニングに出す前に
ポケットは空っぽかチェックしてね！

クリーニングの相場と所要日数の目安

アイテム	値段	所要日数
ワイシャツ	約150円〜	1〜3日
セーター	約600円〜	3〜5日
スーツ上下	約1,000円〜	3〜5日
コート	約1,400円〜	4〜7日

やりくり上手に
なれるかな？

たまには贅沢！

お金の管理

家賃や食費、光熱・水道費や交際費など、
ひとり暮らし＆新生活では
さまざまなお金がかかるもの。
むやみに散財していると、
最終的に痛い目を見るのは自分です！
1か月の収入を管理しながら、
上手にやりくりを。

使えるお金を割り出そう

ひとり暮らしのお金の管理では、1か月の収入と支出を確認し、
使える金額を知ることから始めましょう。

ひとり暮らしでは、家賃や食費、日用品費など、生活すべてにかかるお金をやりくりしなくてはなりません。これまで親や家族任せで、初めて経験する人も多いはず。大切なお金の管理について、一から学んでいきましょう。

まずは入ってくるお金の手取り額を確認します。学生なら仕送りや奨学金、バイトの給料も足したトータル金額です。次に、どのような費目でお金が出ていくのか確認しましょう。費目には必ず支払う「固定費」と、やりくりしながら使う「流動費」があります。何よりも大切なのは、支出が毎月の収入を超えないこと。これを意識してお金を管理していきましょう。

1か月に使える金額を把握する

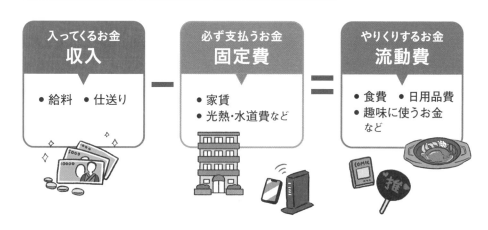

入ってくるお金 **収入**	必ず支払うお金 **固定費**	やりくりするお金 **流動費**
● 給料　● 仕送り	● 家賃 ● 光熱・水道費など	● 食費　● 日用品費 ● 趣味に使うお金 　など

☐ 収入は手取り額を見よう

☐ 毎月必ず一定の額を支払うのは「固定費」

☐ 毎月やりくりするのは「流動費」

☐ 流動費のうち、食費と日用品費は予算をキープ

毎月の収入内でやりくり
するのがルールだよ！

固定費の種類

毎月ほぼ決まった金額で、必ず支払うお金です。
光熱費は季節によって変動するので要注意！

家賃

管理費や共益費を含めた金額で、固定費のなかでもっとも大きな割合を占める。滞納などをしないように、収入を得たら最初に取っておくように。

光熱・水道費

水道は2か月に1回、電気・ガスは毎月支払いがある。電気・ガスは冷暖房の利用で、夏と冬に金額が上がりやすい。7〜9月、12〜2月は多めに予算を取って。

通信費

スマホ代や自宅のインターネットプロバイダ代。契約先やプランで金額が変わるので、よく見極めよう。ネットの通信量が少なめならポケットWi-Fiも◎。

交通費

電車やバスなど公共交通機関で通勤・通学している人は定期代も固定費に。毎月買うよりも3か月分や半年分まとめてのほうが割安になることも多い。

そのほか

保険料、NHK受信料、新聞代、サブスク代など毎月一定額支払っているもの。また、とくに社会人なら貯金も固定費に入れて、毎月決まった額を貯蓄しよう。

ちょっと待ってー

よーし
いっぱい
遊ぶぞー！

流動費の種類

いわゆる「生活費」。収入から固定費を引いた額を
自分でやりくりします。

食費

毎日の食材代や昼食代。外食が増えるとぐっと支出が上がるので注意を！　ただ、削りすぎると健康を損ねるので無理のない範囲でやりくりしよう。手取り収入の15〜20%が目安。

日用品費

例えば、トイレットペーパー、マスク、洗剤などの生活必需品や、普段使用するこまごまとした雑貨類などにかかるお金。消耗品はセール品などを買ってストックしておくのもおすすめ。

被服・美容費

衣類、靴、ヘアカット、ネイルなど。かさむと出費が大きくなるので、優先順位や年間の予算を決めて使うのが◎。新社会人は仕事用の服が必要になることも。

交際費

友だちとのお茶やつきあいの外食、飲み会、レジャーなどにかかるお金。誘われるままに参加せずに、あらかじめ予算を決めて使いすぎを防ごう。

趣味・娯楽費

趣味の習い事のための費用や、「推し活」にかかるチケット代など。つい使いすぎてしまうので、とくに趣味が多い人や決まった趣味がある人は、予算を決めて！

そのほか

医療費、冠婚葬祭費など上記に当てはまらない出費。車両費、家具や家電の購入費、帰省にかかるお金など、人や時期によって特別にかかることも。

まずは予算や家計を見える化しよう

ねこ先生の 1か月の支出CHECK!

家計バランスを整えていくには、費目ごとに
書き出すのがいちばん。初めてやりくりする人は
下の表の目安額を参考にしてみてください。

＊支出の目安額は、学生を「学生生活実態調査」（大学生協）、
社会人を「家計調査」（総務省）のデータを参考に編集部で作成。

予算を
立ててみよう！

【 固定費と流動費をシミュレーション 】

収入　学生 **125,000**円　社会人 **200,000**円

		学生（円）	社会人（円）
固定費	家賃	50,000	60,000
	光熱・水道費	7,400	10,000
	通信費（スマホ・ネット代）	7,500	12,000
	交通費	4,200	7,000
	貯金	10,000	20,000
流動費	食費	24,000	34,000
	日用品費	3,500	6,000
	被服・美容費	3,000	7,500
	交際費	6,200	15,000
	趣味・娯楽費	4,000	10,000
	そのほか	3,000	5,000
	支出合計	122,800	186,500

【 自分の固定費と流動費を書き出してみよう 】

収入 ＿＿＿＿＿＿＿＿＿＿ 円

コピーして毎月
使ってもOKだよ！

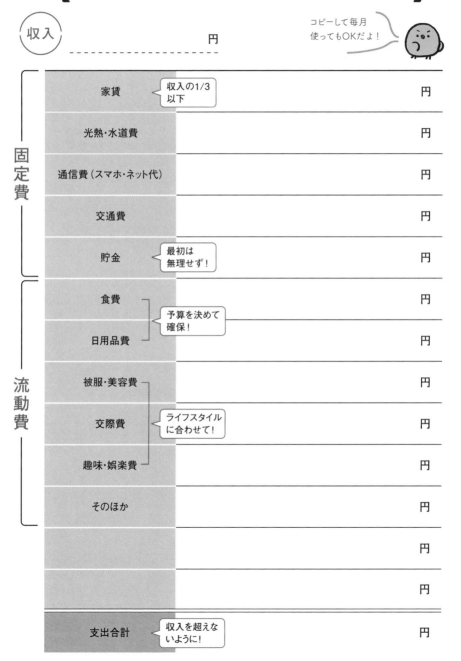

固定費	家賃	収入の1/3以下	円
	光熱・水道費		円
	通信費（スマホ・ネット代）		円
	交通費		円
	貯金	最初は無理せず！	円
流動費	食費	予算を決めて確保！	円
	日用品費		円
	被服・美容費	ライフスタイルに合わせて！	円
	交際費		円
	趣味・娯楽費		円
	そのほか		円
			円
			円
支出合計	収入を超えないように！		円

02 お金の管理の基本

限られたお金を上手に使うには、あらかじめ予算を立てておくこと、
家計簿でお金の流れをチェックすることが大切です。

お金は何となく使っていると、知らず知らずのうちになくなってしまうものです。始めのうちは、とくに"出ていくお金"をしっかり管理することを意識しましょう。

こまごまとした支出は1週間ごとに管理すると、把握しやすいうえ、ムダ遣いの予防にもなります。そして、何にどのくらい使ったかを記録。家計簿をつけてチェックすることで、使い道が意識できるようになり、自然とお財布のひもも締まっていきます。

1週間の予算を決めて使いすぎを防ぐ

1 必ず払うお金（固定費）を合計する

P.129の表に書き出した、1か月の支出のうち必ず支払うお金（固定費）を合計する。

例

家賃	50,000円
＋ 光熱・水道費	7,400円
＋ 通信費	7,500円
＋ 交通費	4,200円
固定費	69,100 円

2 収入から固定費を引き総予算を決める

手取りの収入から固定費を引き、やりくりする予算（流動費分）を算出。先取り貯金（▶P.141）ができる人は、貯金分も引いておこう。

例

収入	125,000円
－ 固定費	69,100円
やりくり総予算	55,900 円

3 予算を5で割り1週間の予算を決める

やりくり総予算を5で割ったのが、1週間の予算額。5週めの分は足りないときの予備費にしたり、先取り貯金ができない人はぜひ貯金に回したりしよう！

例

| やりくり総予算 | 55,900円÷5 |
| 1週間の予算 | 11,180 円 |

ざっくり家計簿で記録しよう

これなら
できそう！

コツ 1 自分に合った方法にする

家計簿は何にどれだけお金を使ったかを把握するためのもの。それができればどんな形式でもOK！　続けることが大切なので、気づいたときに手早く記録できる方法を選ぼう。書いたり入力したりが難しい人はレシートを取っておいても◎。

4月家計簿				
4/5	食品	¥1500	4/20	×××
	日用品	¥2500		
4/7	外食(コーヒー)	¥450		
4/8	食品	¥3000		

日づけ／費目／金額を書こう

コツ 2 費目は少なめにしておく

費目分けの面倒くささも、家計簿がなかなか続かない理由のひとつ。P.129の費目を参考に最小限にしぼって記録を。また、使った金額ぴったりを書く必要はないので、100円未満は四捨五入するなど、わかりやすい方法でつけよう。

コツ 3 月1回はチェックする

残念ながら、家計簿もただつけているだけではあまり意味がないもの。月末ごとに記録を振り返り、自分が何にどれだけお金を使っているのか、ムダ遣いしていないかを確認しよう。予算より支出が多くなった場合は、すぐに見直しを！

ムダを減らすお金の見直し ▶ P.134

家計簿のタイプ

三日坊主になりがちな家計簿。自分に合った記録法を選ぶのが長続きさせるコツです。

(ノート)

記入欄に沿って書くだけなので簡単！　種類が豊富なので、自分に合ったものが選びやすい。ただし、収支の合計などは電卓で計算する必要がある。

(エクセル)

パソコンの表計算ソフト。費目の設定が自由にできたり、費目別や期間ごとの集計が自動でできたりする。エクセルの知識があれば、グラフ化や多様な分析も可能。

収支計算も自動だから
アプリは便利だね！

(アプリ)

スマホの家計簿アプリ。銀行口座などとひもづけて入出金の記録が自動化できる。レシートを撮影すれば金額が読み込まれるものも。手軽な無料版と、機能が多い有料版がある。

先輩 voice

紙の家計簿は続かず、アプリに切り替え。とりあえず入力するだけで、毎月どのくらいの支出があるか把握しやすくなったよ！

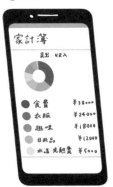

家計簿
支出　収入

● 食費　　　　　¥38000
● 衣服　　　　　¥24000
● 趣味　　　　　¥18000
● 日用品　　　　¥12000
● 水道 光熱費　¥5000

03 家計を軌道にのせよう

車の運転と同じように、お金の管理も最初は誰もが初心者マークです。
3か月〜半年、試運転をしながら自分なりの管理法を見つけましょう。

ここまでお金の管理の基本と、1か月に使えるお金を把握し、実際の支出を書き出して記録する方法を紹介しました。うまくできなかった人もどうか諦めないでくださいね。

家計簿を3か月ほど続けていれば、「食費がかかりすぎているな」「給料日後に衝動買いしがちだな」など、自分のお金の使い方とクセが自然と見えてきます。

記録と見直しを繰り返して、少しずつ使い方のバランスを整えていきましょう。

家計は徐々に整えていけばOK！

スタート！

ひとり暮らし決定

引越し前

収支の
シミュレーションをする

自分が何にどれくらいお金を使うか、1か月の収支を書き出して予算を立てよう。ただ、流動費については、見当もつかないかも……。その場合はP.128の目安額を参考にとりあえず書いてみて。これがあなたの最初の予算表に。

1か月の支出CHECK！
▶ P.128

ひとり暮らし　1か月め

お金の回り方を
チェックする

流動費を1週間ごとの予算に分けて、できるだけ超えないようにしながら使って。もしオーバーしてしまってもまずはOK。何にどれだけ使っているか、家計簿にとにかく記録しよう。

お金の管理の基本 ▶ P.130

覚えておこう！

使途不明金はやりくりの敵！

家計を確実に、しっかり回していくには、何に使ったかわからない「使途不明金」をできるだけ減らすことが欠かせません。思い出せないということは、ムダ遣いの可能性大！　家計簿チェックの際は次の計算式で確認しましょう。

手取り収入
− 貯金額
− 支出合計
──────────
使途不明金

アドバイス

最初の半年を乗り切ろう！

❶ 予備費の準備で心の安定を

これからひとり暮らしを始めるという人は、月の収入のほかに予備費を準備しておくのがおすすめ。とくに新社会人の方は、何かと出費がかさむので、4月からの給料だけでやりくりしようとすると、苦しい船出となってしまいます。できれば10〜20万円くらいの用意を。想定外の支出が必要になったときなど、いざというときにあわてずに済みますよ。

❷ 借金はダメ、ゼッタイ！

やりくりがどんなに大変でも、カード会社や消費者金融での借金にだけは手を出してはいけません。少額でも一度借りてしまうと「困ったら借りればいいや」という意識がついてしまうもの。若いときの借金は将来にわたってさまざまな影響を及ぼすので、まかないきれない現金が急に必要になったときは、家族や信頼できる人にまず相談しましょう。

ひとりでがんばらないで！
困ったらすぐに相談！

ひとり暮らし　3か月〜6か月め

お金の使いグセを覚える

月末のチェックを続けていると、自分のクセが見え、ムダ遣いを減らせるなど、自制ができるように。高額な出費のときは、「自分の時給に換算してみる」と本当に必要かどうかわかるかも。

ムダを減らすお金の見直し▶P.134

お金を余らせる工夫をする

最初から貯金をしようとすると苦しくなるので、最初の半年は無理せずに。徐々に月末にお金を余らせる工夫をしてみて。5,000円くらい余るようになったら、次の月から先取り貯金へ回そう。使い方のバランスが身についたと感じたら、家計簿も卒業してOK！

貯まる仕組みを作ろう▶P.140

月末のチェックで微調整する

家計簿は月末ごとにチェックするのを習慣にしよう。支出を合計し、収入から支出を引いてプラスの差額があればまずは安心。マイナスになってしまったら使い方をすぐに見直そう！

ムダを減らすお金の見直し▶P.134

1回の出費が大きくなりがちなもの

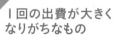

- 美容費
- 被服費（コートやスーツ）
- 飲み会代
- 冠婚葬祭費
- 家具、家電、スマホの購入
- レジャー費

ムダを減らすお金の見直し

節約はひとり暮らしに欠かせないものですが、無理な節約は
心身の安定を損ねる原因に。家計見直しのコツをおさえましょう。

月末の収支のチェックで、家計が苦しい、赤字になってしまうという人は、使い方のバランスにどこか間違いがあるということ。習慣的にムダ遣いをしていないか、支出に見直しポイントがないか、チェックしましょう。

ただ、食費を必要以上に切り詰めたり、冷房の使用を我慢したりするなど、大きなストレスを感じるような節約は長続きしないのでおすすめしません。少額でも「チリツモ」で大きな節約になるので、まずは、毎月の固定費を見直すことから始めましょう。

お金のNG習慣

コンビニでサクサク買い物

どこにでもあって、いつでも開いているコンビニエンスストアは、ひとり暮らしにはありがたい存在。ただ、並んでいる商品の多くは、スーパーやドラッグストアならば数十〜数百円安く買えるものばかり。コンビニに頼りすぎず、生活圏内のほかのお店でもアンテナを張ってみて！

ATMでこまめにお金を下ろす

これこそもったいないの典型パターン。時間内は無料ですが、時間外の利用やコンビニ、他行のATMだとただ下ろすだけで220〜330円／回の手数料が！5回下ろせば1,000円以上のムダに。

"安売り"に釣られる

「本日安売り」のポップや「半額セール」の表示を見て、つい商品に手がのびていませんか？ 心当たりがある人は、浪費グセがあるのかも。本当に自分に必要なものか、ほしいものかを吟味すれば、自然と財布のひもも固くなるもの。

1日50円の差額だから
20日で1,000円。
365日だと18,250円違う！

クレカ＆電子マネーで使いすぎる

サクサクと決済できるのが便利なキャッシュレス（▶P.136）。どのくらい使っているか常に把握していないと、たちまちチリツモ出費に！ 電子マネーなら先払いのチャージで、残額を気にしながら利用するのがおすすめ。

チリツモ出費に
気をつけよー

毎月の出費を見直すコツ

コツ 1 固定費を見直せば ストレスなく節約できる

毎月必ず支払うお金（固定費）は、一度見直すだけで継続的な節約になるので、流動費で出費を削るよりもずっと楽チン。例えば、通信費ならスマホのプランを1,000円安いものに変えるだけでも、年間で12,000円が浮く計算になる。

スグに見直しできる 固定費目

□ **スマホ・通信費**

ひとり暮らしを始めるときにまず、これまでのプランを見直して。プランを変える、キャリアを乗り換える、ネット回線とセットにするなど方法はさまざま。通話アプリを活用することで、通話料を最小限にするのも◎。

□ **サブスク代**

"サブスク"とは定額制のサービスのこと。動画配信、音楽配信、漫画・雑誌、新聞など、不必要なプランに入っていないか確認を。

□ **光熱費**

アンペア（A）制を導入している電力会社を利用している場合は、30Aを20Aに下げると、基本料金が月約300円安くなり、年間約3,600円もお得になる。電気とガスのセットで割安になる場合も。

コツ 2 交際費・趣味費は メリハリをつける

楽しみに使うお金はいくらあっても足りません。でも、普段の生活が苦しくなるほど使うのは行きすぎというもの。1回ライブに行ったら、友人との飲み会は1回我慢するなど、月の予算や上限を決め、メリハリをつけて楽しんで！

今日は
思いっきり楽しむぞ！

コツ 3 食事に使う お金を吟味する

食費の上限の目安は手取り収入の1/3。それ以上かかっているという人は、外食の回数が多い可能性が。ランチタイムを活用する、中食（お惣菜やお弁当）を取り入れる、ご飯だけは炊くなど食費の使い方を工夫して。また、自炊中心なのに食費がかさむという人は食品の買い方を見直そう。

外食が多い人は1日の
食費予算を決めてみて！

先輩 voice

大手キャリアから格安SIMに替えたら、月額料金が半額になりました！ 年間2万円の節約、もっと早く替えておけばよかった……。

映画鑑賞が趣味で、動画配信のサブスクは必須！ ただ、ムダにならないように、月ごとに1サービスずつ渡り歩いたり、プリペイドカード払いで、退会のし忘れを予防してるよ。

先輩から誘われるがままに民間医療保険に加入。20代はまだ要らないとの記事をネットで見てあわてて解約。その分の3,000円を毎月の貯金に回してるよ。

電子マネー&クレカを持つ

「キャッシュレス決済」が定着し、電子マネーやクレジットカードはマストアイテムに。仕組みや特徴を知って、上手に活用しましょう。

電子マネーやクレジットカードは、現金を使わないキャッシュレス決済に欠かせないツールです。お金に触れずに買い物ができる、ポイントが貯まるなどメリットも多い一方、つい使いすぎてしまうという欠点も。

必ず次の4つを心がけましょう。①事前に使う金額を決めておく、②利用明細は毎月必ず確認する、③不安な人は先払いか即時払い（デビット）にする、④ポイントを目的に使わない。

また、クレジットカードには分割払い*やリボ払いなど手数料がかかる支払い方法があります。基本は残高内の金額で1回払いか、手数料がかからない方法を選ぶのが鉄則です。

*2回までは手数料が無料で、3回以上はかかる。

電子マネー

□ 審査がなくても作れる

□ 現金に触れずにものが買える

□ ポイントが貯まる

□ 早く支払いができる

□ 先払い／後払いなど決済形式が選べる

注意！ 「お金」の感覚を忘れないで

現金に触れずにものが買えるという仕組みのせいか、お金を払っている感覚が薄くなりがちです。身のほど以上の高額な品を買ってしまったり、必要以上に使ってしまったりする人が多いよう。利用額を常に確認して、計画的に使って。

作っておくと便利な学生向けカード

一般的に、高校生を除く18歳以上の学生が作れるクレジットカード。社会人よりも審査が通りやすいので、作っておくと何かと役立ちます。年会費無料や、コンビニ、コーヒーチェーンでのポイントアップなど、若者向けのサービスも豊富！

決めた金額までしか使わないように！！

クレジットカード

□ 手元に現金がなくてもものが買える

□ 持ち歩く現金が最小限で済む

□ ネットショッピングでの決済がスムーズ

□ ポイントが貯まる

□ 付帯サービスがある

損をしないクレジットカードの選び方

 コツ 1 ポイント還元率が
高い

カードの利用額に対して戻ってくるポイントの割合が還元率。1,000円で5円分のポイントがつく0.5%程度が一般的で、1%を超えると高い還元率と言える。学生や20代向けカードは比較的還元率が高いものが多い。

 コツ 2 年会費が
無料または安い

学生や20代向けのカードは無料の場合が多い。年会費を支払うカードでも、特典内容を確認してフルに活用できれば逆にお得になることも!

 コツ 3 使いやすい
特典や優待があるか

提携のお店でポイントがアップする、提示するだけで割引があるなどカード会社によって異なる特典が。よく行くお店で特典が使えるかなど、どこでどんなサービスを受けられるか比較してみよう。

 コツ 4 ポイントが
使いやすいかどうか

ポイント数によって景品を選べるものや、航空券のマイルやネット通販など他社のポイントに交換できるもの、ポイントをカードの支払いに使えるものなどが◎。商品ではなく、支払いのお金代わりにポイントを活用するのがおすすめ!

 コツ 5 保険がついているか

海外旅行でのケガや病気の治療費を補償する「海外旅行保険」が付帯されていれば、わざわざ保険に加入しなくてもよくなる。カードによって、国内旅行保険がついていることも。また、クレカで購入した品物の破損や盗難の際に補償してくれるショッピング保険が付帯しているものも。

先輩 voice

 始めは好きなブランドの服を買うのにリボ払いを利用。毎月カードは使うので、返済はいつまでも終わらず……。結局、手数料だけで10万円以上かかってしまったよ。

気をつけよう!

使ってはいけない!
「リボ払い」&「キャッシング」

リボルビング払い(リボ払い)は、毎月一定額を返済するクレジットカードの支払い方法。返済中に新しいものを買っても一定額以上には上がらないので、毎月の支払いは楽な一方、手数料(金利)は12〜15%と高く、最終的な支払いは高額になることが多いです。また、クレジットカードを使ってお金を借りるキャッシングも手数料が高い(15〜18%)ので、手は出さないで!

例えば
10万円を
リボ払い

＼ 毎月5,000円を返済すると… ／
手数料だけで **15,782円**!

＊金利15%の場合
(金融庁「借金シミュレーター」で計算)

\ ひとり暮らし経験者に聞いた! /

ひとり暮らし節約法 BEST 3

節約が必要な人もそうでない人も、やってみると案外楽しい節約ライフ。
先輩たちのリアルな節約法を見てみましょう!

 ## 食事を工夫する!

- 自炊一択! すればするだけ食費が削れる。
- 白いご飯をメインにお腹をいっぱいにする。
- パスタ料理はおいしいし、節約になる!
- 大変だけど、ランチはお弁当を持参。
  それだけで週2,000円は節約できる。
- お惣菜は閉店間際のスーパーで半額シールのものをゲット!

 ## 買い方でムダを削る!

- 消耗品は大容量をまとめ買いする。
- 日用品はスーパーとドラッグストアを使い分けて、
  より安いところで買うようにしている。
- 買い物をするとポイントがつくスーパーとドラッグストアは、
  店をしぼってポイントを集中して貯める。
- 保存ができる消耗品はポイント2倍、5倍の日を狙って買う。

 ## とにかく使わない!

- 衝動買いしそうなときは、口座残高と向きあう。
- 「今日は何も買わない!」という日を決める。
- ふらっと散歩するときなどは、財布は持たない。

\ まだまだあるよ! /

先輩たちの節約法アレコレ ……………………

> お金を使いたくないときは
> とにかく寝る。

> 水筒を持ち歩くようになって、
> コンビニでのムダ遣いが減った。

> 貯金代わりにつみたて
> NISAを開始。
> 銀行の利子よりも
> ぜんぜん増えていて
> ビックリ!

> 1か月に使うお金をまとめて
> 下ろし、その範囲内で使う。

> 正直、節約は
> してなかった……（笑）。

ねこ先生
直伝！

これからの**家計管理**

現金での支出に加え、キャッシュレス決済をする機会が増えて、
家計管理が複雑で難しい！　と感じている人も多いはず。
いっそキャッシュレス決済にまとめてしまえば、家計簿不要で、
お金の管理も一気に効率アップ！

1 収入と支出の口座を１つに

給与などが振り込まれる収入口座と、クレジットカードなどの支出口座をまとめて一元化。入出金をシンプルにして、お金の流れをわかりやすくしよう。

2 支払い方法と費目を組みあわせる

費目別に支払い方法を決めておくと、何にどれだけ使ったかを把握しやすくなる。現金だと記録が残らないので使途不明金が出やすい一方、キャッシュレスだと使った記録も勝手に残るので、家計簿フリーに。

> 例えば…
>
> **口座引き落とし**
> →家賃
> **クレジットカード**
> →大きな買い物、光熱費
> **電子マネー**
> →食費、日用品費

3 履歴はこまめにチェック

使った分は電子マネーや銀行口座、クレジットカードの履歴を見るだけで、すぐに確認できる！　残高や支出金のこまめなチェックを心がけると、支出の見直しもしやすいうえ、使いすぎも防げる！

電子マネーは予算分を
事前にチャージすれば
使いすぎを防げるよ！

06 貯まる仕組みを作ろう

新生活が落ち着いてきたら、貯金にもチャレンジしましょう。
貯める仕組みを作れば、誰でも貯蓄はできますよ！

貯金は大切です。もし20歳から月5,000円ずつでも貯めたら、10年後には60万円に。備えがあるかないかで、生活の安定感も、選べる道も変わります。貯金のコツは次の2つです。①目標を決める（実現可能なもので）、

②先取り貯金をする。

この2つで、貯まる仕組みを作りましょう。学生の方も、使えるお金は少ないかもしれませんが、将来に向けて毎月少額ずつでも"貯める習慣"をつけておきましょう。

まず目標を決めよう

1 貯金の目標を決める

貯金は"何となく"するよりも、自分なりの明確な目標を決めるのが◎。海外旅行や結婚資金などの目標でもいいし、それがない人は目標金額を決めよう。可能なら達成期日も設定して。

> 例 ダブルスクールの資金にする、あこがれのブランド時計を買う、とにかく100万円貯める！

2 無理のない金額から
スタートする

貯金は、家計がきちんと回り始めてからでOK。ペースがつかめてきたら、月5,000円くらいの貯蓄だと無理なくスタートできる。

> 例 始めは月5,000円、慣れたら月10,000円に

3 手取り収入の1割を貯蓄する

軌道にのってきたら、手取り収入の1割を貯金に回して。ここまできたら先取り貯金（▶P.141）もできるはず。実は社会人の理想的な貯蓄額は手取り年収の2割。ボーナスが出るようになったらさらに貯蓄スピードを上げてみよう！

> 例 手取り収入…15万円の1割⇒月15,000円
> 20万円の1割⇒月20,000円

まずは50万円！

金額を決めちゃう！

例えば50万円を
貯められると
こんなにいいことが！

- ☐ 新しいことが始められる
- ☐ 引越しや海外旅行ができる
- ☐ 仕事を辞めてもしばらく
生活できる
- ☐ いざというときの備えになり、
気持ちに余裕が生まれる
- ☐ 達成感が生まれ、貯蓄への
モチベーションがさらに上がる

先取り貯金でしっかり、コツコツ

自動積立を活用する

普通預金口座から一定額を自動的に貯蓄口座へ移す仕組みが自動積立定期預金。強制的に「先取り貯金」ができるので、貯蓄が苦手な人にもおすすめ。また、会社員なら財形貯蓄や社内預金など社内に貯蓄の仕組みがある場合も。勤務先に確認しよう。

☐ 自動振替の日は給料日か
　その翌日に設定

☐ 会社員なら勤務先の財形貯蓄を利用

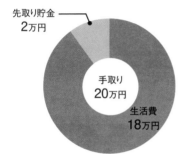

先取り貯金
2万円

手取り
20万円

生活費
18万円

2万円を自動積立すると、手取り収入が20万円の人は残った18万円で生活する。ボーナスからも貯蓄に回そう。

少しずつでも
お金が貯まるのは
嬉しいよ！

あなたは貯め上手？

当てはまる項目をチェックしてみよう。

☐ つい他人と自分を比べてしまう

☐ 自分の手取り収入がすぐに言えない

☐ 毎月の予算を決めていない

☐ 家計簿は三日坊主だ

☐ 月にどのくらいお金を
　使っているかわからない

☐ 多少高くても、ほしいものは
　すぐに買ってしまう

☐ ATM の手数料を
　気にしたことがない

☐ 節約に興味がない

☐ 目標がとくにない

　　　　　個

チェックの数

0個………完璧な貯め上手。そのままGO！
1〜3個…貯蓄練習生。
　　　　貯め習慣を身につけよう！
5個以上…その日暮らし、浪費家タイプ。
　　　　すぐに見直そう！

覚えておこう！

コツコツ貯蓄も重要！

毎日数十円、数百円の貯金でも、チリツモで大きな助けになります。「お茶をしたつもり⇒500円」「ほしかった服を買ったつもり⇒5,000円」の"つもり貯金"や、小銭貯金など、日々のちょっとした節約の心がけを貯金に生かしてみてください。

「NISAつみたて投資枠」で投資も！

ある程度貯まったら、貯金分の一部を投資しても。「NISAつみたて投資枠」は、長期・分散・積立投資するための非課税制度。少額から始められるので、投資ビギナーにおすすめ。ただし、元本割れの可能性もあるので、よく理解してから始めましょう。

07 お金のトラブル

お金にまつわるトラブルに見舞われたら、ひとりで抱え込まずに
すぐに家族や信頼できる人に相談を。

やりくりを失敗して、家賃が支払えなくなったり、想定外の契約を結んでしまったりと、ひとり暮らしのお金のトラブルはさまざま。抱え込み、長引かせるほど傷は深くなってしまいます。まずは家族や信頼できる人に相談して、できる限り速やかに解決しましょう。

新入生や新社会人は勧誘など、お金のトラブルに遭いやすい立場です。そのことを自覚して、甘い言葉やうまい話にのせられないようにいま一度気を引き締めましょう。

! 家賃が支払えない！

↳ すぐに相談する

住居は人の暮らしに欠かせないもの。だから家賃を滞納したからといって、すぐに追い出されることはないように法律で定められている。しかし放置すれば督促されたり、自身の信用にかかわったりすることに……。支払えないことがわかった時点で、すぐに事情を伝えておこう。場合によっては支払い期限の延長や、分割払いなどに応じてくれることも。連帯保証人がいる場合は、そちらに連絡が行くのであらかじめ相談しておきたい。

- -

強制退去の目安

□ 3〜6か月以上の家賃滞納

- -

① 大家さんや管理会社に報告と相談

② 連帯保証人に報告と相談

失業や減収で
困窮したときは
公的制度もあるよ

支払いは
口座引き落としでも
いいね！

! 光熱費を払い忘れた

↳ 督促状に従って すぐに支払う

光熱・水道費の支払いが遅れると督促状が届くので、すぐに支払おう。滞納期間が長くなると延滞利息が発生して余分な出費に！ 各ライフラインは延滞ですぐに供給停止されるわけではないものの、2か月くらいが停止の目安なので気をつけて。クレカ払いにしておくと、カードのポイントもつくうえに払い忘れ防止にも有効！

- -

ライフライン停止の目安

□ 電気：検針日翌日から50〜70日間

□ ガス：検針日翌日から50〜60日間

□ 水道：納付期限から60〜120日間

- -

⚠ お金を貸してと言われた

貸すときは返ってこないと思って

相手が友だちでも、少額であっても、お金を貸すときは「返ってこない」と思って渡そう。貸したほうが覚えていても、借りたほうは忘れてしまう、なんてことも。お互いに気持ちよくつきあうためにも、できる限り貸し借りはしないほうがベター。また、連帯保証人＊を頼まれた場合は絶対に断ろう。

＊連帯保証人とは、借金をした人がお金を支払えなくなったときに、借金を肩代わりする人（▶P.29）。

⚠ 高額商品を契約した

クーリング・オフで解約を

しつこい勧誘でエステやスクール、高額商品などをつい契約してしまったときは、契約日から8日以内なら契約解除できる。クーリング・オフといって、一度契約を交わした場合でも一定期間であれば無条件で契約を解除できる制度。契約などについて困ったときは、下記のホットラインへ電話を。消費生活センターなどにつないでもらおう。

📞 **消費者ホットライン 188**

注意！ 18歳からひとりで契約できるようになる

2022年4月より成人年齢が20歳から18歳になり、保護者の同意を取らなくても、18歳でさまざまな契約ができるように。その一方、勧誘などのターゲットになりやすくトラブルも多発中！ 親元から離れてひとり暮らしするからこそ、その責任をしっかり自覚しましょう。

⚠ クレカの引き落とし日に口座残高が足りない

親に相談する

引き落とし口座の残高が少ないと引き落としができず、督促状が届く、ということに。滞納した場合は親などに相談してすぐに支払いを。残高が足りないからと、リボ払いにしたり、キャッシングをしたりすると借金沼の始まりに。カード会社には利用状況など個人の信用情報がすべて記録されているので、信用を失う行動はやめよう。

注意！ 延滞期間が3か月または61日でブラックリストに

クレジットカードは使ったお金を返済するという信用に基づいて、カード会社から発行されるもの。返済が滞ると登録されている信用情報に記録が。延滞が続くといわゆる「ブラックリスト」に載り、新しいクレジットカードが作れなくなったり、住宅や車のローンが組めなくなったりすることもあります。

毎月、利用明細と口座残高は要チェック！

⚠ フリマアプリでトラブルになった

当事者間での解決が必要

フリマアプリのサービスは、個人間の取引とされているため、何かトラブルが起こって運営会社に相談しても、取り合ってもらえないことも。利用を始める前に必ず規約や利用ガイドに目を通して、ルールやトラブルへの対応を確認しておこう。出品する際は、傷や汚れなどのデメリットも含め、商品の状態を誠実に伝えて。

08 保険には入る?

ひとり暮らしを始めるにあたって、保険に入るかどうか迷う人もいるはず。ここでは民間保険の種類をおさえましょう。

保険には公的保険と民間保険があります。国や自治体が運営する健康保険や年金保険が「公的保険」で、それでまかないきれないリスクに備えるために、主に民間の保険会社が販売するのが「民間保険」です。

民間保険にはさまざまな種類があり、ライフスタイルや収入に合ったものを選びます。ただ10〜20代のうちは、病気や死亡に備える医療保険や生命保険への加入は不要。保険料の分を貯蓄に回すほうがいいでしょう。家族ができたときや、リスクが上がり始める30代で加入すれば十分です。

主な民間保険の種類

大きく分けて次の3つ。違いを知って、自分に合った保険を選びましょう。

種類	内容	加入を検討したい人
損害保険	偶然の事故や災害での、経済的ダメージやケガに備えるための保険。賃貸物件に申し込む際には、住宅火災に備える火災保険への加入はマスト。自動車保険、自転車保険、旅行保険、第三者への損害に対する保険など、さまざまな種類がある。	●自転車で通勤や通学をしている人 ●車やバイクを持っている人 ●激しいスポーツをする人
医療保険	病気やケガなどで入院、手術をしたときにかかる費用をカバーできる。払い戻しはあるが割高になるものと、かけ捨てだが割安になるものがある。	●病気が心配な人
生命保険	死亡時に保険金が支払われる保険。遺族へまとまったお金を残すためのもの。	●扶養する家族がいる人

20代のうちはまだ医療、生命保険には入らなくてOK!

\ ひとり暮らし経験者に聞いた！/

ひとり暮らしの楽しみ BEST 3

初めてのひとり暮らし。不安もありますが、それに負けないくらい、
楽しみも盛りだくさん！ ひとり暮らしの醍醐味を先輩たちに聞きました。

時間を好きに使える

- どれだけゴロゴロ、ダラダラしても怒られないから最高。
- 家族に気を遣うことなく、長風呂ができる！
- 食事の時間を自分でコントロールできるのは、意外と嬉しい。
- 趣味に没頭できる！ 集中できる！

友人や恋人を気軽に呼べる

- 家で友だちとタコパや鍋パをするの、楽しすぎる～!!
- 一緒にくつろいだり、昼寝したり、
  外で会うのとは違うよさがある。
- 恋人が料理を作ってくれたりして、新たな一面が見られる。

好きな空間が作れる

- キッチンからトイレ、玄関まで好きな空間を作れる！
- 自分好みの家具や雑貨を選ぶのが、めっちゃ楽しい。
- 推しのグッズを思う存分飾れる！

\ まだまだあるよ！/
先輩たちの楽しみアレコレ ･･････････････････････････

推しの番組を好きなだけ
録画できるのが最高！
（実家では勝手に消されてた）。

シャワーヘッドを交換するとか、
自分の小さなこだわりが楽しめる。

お風呂あがりに
全裸でウロウロ
できる（笑）。

思いっきり踊っていても、家族に
見られる危険がない（笑）。

部屋の香りとかも自分好み
にできるのがいいよ！

好きな街、あこがれの街で
生活できる！ 出身地も好き
だけど、出身地にはない
刺激や便利さがある。

\ ひとり時間をトコトン楽しむ！ /

ひとり暮らし満喫プラン

自分だけの時間を思いきり充実させることも、ひとり暮らしの喜びのひとつ。
おすすめの満喫プランを紹介するので、参考にしてみてください。

おうちCAFEを開店！ 　お手軽度　★★☆

好きなお店のコーヒーや紅茶、スイーツを用意したり、作ったりして、おうちをカフェに！　ポイントは、アンティーク調、ブックカフェ風など、作りたい空間のコンセプトを決めること。食器やテーブルウェアにもこだわって、くつろぎのひと時を演出して。

おうちBARでお酒を楽しむ 　お手軽度　★★☆

ひとりでお酒をたしなむのも、粋な時間の使い方。お酒のボトルを買って炭酸水などで割るだけでもおいしい。もちろん、本格的にシェーカーでカクテルに挑戦してみても◎。缶のお酒をグラスなどに入れて飲むだけでも、雰囲気を楽しめるよ。

ホームシアターで映画三昧 　お手軽度　★☆☆

映画好きな人におすすめなのが、プロジェクターの導入。初期費用は少しかかるけど、映画館にいるような臨場感がおうちで味わえる！　家が白壁ならそこに投影することができるから、スクリーンは不要。予算と好みでチョイスして。

植物を育てる 　お手軽度　★★★

グリーンのある暮らしは部屋に彩りが加わるだけでなく、植物の成長が楽しめて、癒やしにもつながるのでおすすめ。まずは、リーズナブルで育てやすい観葉植物から始めてみて。生花を花瓶に飾るのもすてき！　鉢や花瓶のデザインにもこだわって。

コレクションスペースを作る　お手軽度 ★★☆

趣味のコレクションがある人は、ディスプレイ棚などを取り入れて、コレクションスペースを作ってみよう！　自分の好きを詰め込んだ空間は、作っている時間自体も楽しいもの。アクリル製のディスプレイケースが、比較的手頃に購入できるよ。

食器にこだわってみる　お手軽度 ★★★

食器やカトラリーにこだわれるのも、ひとり暮らしの醍醐味。自分好みの器やカップをイチからそろえれば、食事やお茶の時間も楽しくなるはず。インテリアショップなどのほか、古道具屋さんや骨董市などで、掘り出し物を探すのもおすすめ！

推しの"祭壇"を作る　お手軽度 ★★☆

大好きな推しの写真やグッズに溢れた祭壇は、ひとり暮らしの空間だからこそ、人目を気にせず思いきり楽しめるもの。日々の活力になるだけではなく、寂しさも埋めてくれるはず。祭壇のテーマカラーも設定して、おうちでも推し活を楽しもう！

DIYに挑戦してみる

小さな棚やテーブルなど、ちょっとした家具のDIYに挑戦してみるのもおすすめ。ホームセンターなどでは、木材をカットしてくれるサービスがあるので活用を！

お手軽度 ★☆☆

コーヒーや紅茶を淹れる

コーヒー豆や紅茶の茶葉をこだわって選び、じっくりと淹れてみよう。ドリップや抽出の様子を眺めているだけでも、落ち着いた時間を過ごせるはず。

お手軽度 ★★☆

ベランダCAFEを楽しむ

ベランダがあるおうちなら、イスなどを出してベランダCAFEを楽しむのも◎。外の空気にあたり、景色を楽しみながら、くつろぎ空間を堪能して。

お手軽度 ★★☆

充実したバスタイムを

ひとり暮らしはお風呂の時間も自由。動画を見る、好きな入浴剤を入れる、アロマキャンドルを焚くなどして、時間を気にせずリラックス空間を楽しもう。

お手軽度 ★★★

\ ひとり暮らし経験者に聞いた！/

ひとり暮らしで感じた成長 BEST 3

親元を離れてのひとり暮らしは自立につながり、
さまざまな成長を与えてくれるもの。
先輩たちが実感した、自身の成長を教えてもらいました。

家事が上達した

- 掃除や洗濯は生活するうえで必須だから、イヤでもできるようになる！
- 節約のためにお弁当を作るようになったけど、やり出すと楽しい。
- 家事ってめんどうだと思っていたけど、案外楽しいなと思えてきた。
- いろんな家事をこなしていくほどに、親のありがたみを実感する。

金銭感覚が変化した

- ムダ遣いはやめて、有意義にお金を使うようになったかな！
- 生活にかかる金額を把握したことで、お金を稼ぐことの
  大変さと大事さを実感。
- 光熱費を確認することって、実家では1回もなかったかも。

時間の使い方がうまくなった

- 仕事（勉強、バイト）と家事の両立が必要になるから、
  計画的に過ごせるようになった気がする。
- ひとり時間の楽しみ方をマスターしてきた。
- すべて自分でやらないといけないから、効率的に動けるようになった！

\ まだまだあるよ！/

先輩たちの成長アレコレ ・・・・・・・・・・・・・・・・・・・・・・・・・・・・

ゴミ出しのルールとかマナー
とか、ちゃんと考えて行動
するようになった！

ひとり暮らしをすることで、親に
感謝を言えるようになったかな。

ていねいに暮らすことが、
心の安定につながることを
知ったよ。

役所への届出とかネットの契約とか
いろんな手続きをこなすのは
いい経験になる。

シンプルにいろんな知識が
増えて、社会でも役に立つ！

いろんなことを選んだり決
めたりしないといけないから
判断力や決断力が身に
ついた気がする。

148

\ part /

8

防犯対策

新たな土地や環境での新生活。
思わず開放的になってしまいがちですが、
その "すき" に危険は潜んでいるもの。
ひとり暮らしの状況下では
自分の身は自分で守るしかありません！
日頃から、防犯の意識をもって行動を。

油断禁物！

家の中でも
外でも要注意！

住みたい地域の治安は?

どんな街に住むかは、今後の生活を左右する重要なポイントのひとつ。
快適な暮らしのためにも、街の安全性は必ず確認しておきましょう。

住みたい地域を選ぶ基準は、通勤・通学の利便性や家賃の安さ、街の雰囲気のよさなどさまざまあると思いますが、必ずチェックしておきたいのが、その街の「治安」。

治安が悪ければ、その分、犯罪やトラブルに巻き込まれる可能性も上がり、最悪の場合、すぐに引越しを検討なんてことにも……。そんな事態を避けるためにも、事前に犯罪情報サイトを見たり、街を歩いたりして、危険な様子がないか確認しておくことが大切です。

こんなところで治安情報を確認

チェック 1　警視庁の犯罪情報マップ

警視庁のサイトでは、窃盗やひったくり、女性への声かけなどの発生情報が地図上で閲覧できる。住みたい地域の状況を定期的に確認しよう。

チェック 2　役場の市民生活安全課

地域の防犯や交通安全対策などを通して、市民が安全に暮らせる街づくりを行う課。「安全・安心メール」を配信している自治体なら、登録しよう。

チェック 3　知人や口コミサイト

気になる地域に住んでいる知人がいれば話を聞いたり、口コミサイトをチェックしたりするのも◎。治安のほか、住みやすさなどの情報もゲットできる。

警察署のSNS もフォローしよう

各地域の警察署でも、SNSで犯罪情報や防犯のアドバイスを発信しているところが。アカウントがあればフォローしておきましょう。

地域住民や商店街などの雰囲気を見るのもおすすめだよ!

先輩 voice

コンビニにはその街の土地柄が出るらしい! トイレの貸し出しがNG＝利用者のマナーが悪い地域と聞くので、チェックするようにしているよ。

自宅までの帰宅ルートもチェック

夜道を歩いてリサーチを

最寄り駅から自宅までの経路は、実際に歩いて確認を。昼夜で雰囲気が変わるケースも多いので、できれば夜にチェックしたい。人通りや暗がりなどを確認するほか、万が一の際に逃げ込めるスポットがあるかも見ておこう。

チェック 1 ▶ 街灯がたくさんあり、明るい道は多いか。

チェック 2 ▶ 線路脇や高架下など、人通りが少なく助けを求めにくい道は避ける。

チェック 3 ▶ 公園付近は夜になると暗がりが多いことも。危険を感じるなら避ける。

チェック 4 ▶ 24時間営業のコンビニは、もしものときに逃げ込めて安心。

チェック 5 ▶ 交番の近くは犯罪発生率が低いので、帰宅ルートにあると◎。

チェック 6 ▶ 学校近くの道は高い塀で囲まれていて、夜は死角になることも。

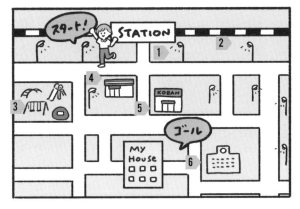

帰宅ルートは複数用意

毎日同じ時間帯に同じルートで帰宅していると、顔を覚えられて待ち伏せなどの被害に遭う可能性も。帰宅ルートは2〜3パターン用意しておくといい。

飲み屋などの近くは避ける

飲み屋などが集まる場所は、夜遅くまで明るい一方、やはり酔っ払いなどによるトラブルも多いもの。ひとりで近くを通るのは避けるようにしよう。

先輩 voice

どんなに近道でも、暗くて人通りの少ない道は避けるようにしているよ。多少遠回りでも、明るい道から帰って！

\ ほかにもこんなところを /

治安チェックポイント

☐ 風俗店やパチンコ店がないか

☐ コンビニや公園のゴミ箱はキレイか

☐ コンビニやお店のトイレはキレイに利用されているか

☐ 犯罪被害への注意を喚起する張り紙がされていないか

☐ 壁に落書きがないか

☐ タバコの吸い殻や空き缶などのゴミが放置されていないか

☐ 人が隠れられるような暗がりや死角はないか

物件選びの防犯ポイント

住む地域だけではなく、住宅そのものにも危険は潜んでいるもの。
物件選びの際は、防犯の視点からも家を見てみましょう。

　一般的に泥棒や不審者に狙われやすいといわれるのは、セキュリティが甘く、他人が出入りしやすい物件。どれだけ自分が気をつけていても、物件の構造や設備面から犯罪を引き寄せてしまっては、元も子もありません。

そうした家は、最初から選ばないのが得策です。
　とはいえ、防犯性が高い＝家賃が高いというのも事実。支払いが可能な範囲で物件を探しましょう。また、「2階以上」「オートロック」などのキーワードを過信するのは厳禁です。

構造・管理

次のような構造や管理状態になっているマンション、アパートなどは、十分に注意しましょう。

こんな物件は
狙われやすいよ！

屋上から下の階に侵入できそう。

木や電柱、
駐輪場など、
登ればベランダに
届く足場がある。

大家さんが常駐して
いない＝他人が
侵入しやすい。

茂みなどで
見通しが悪く、
人が隠れやすい。

人通りが少なく、ご近所づきあいなどもなさそう。

ゴミ捨て場、エントランス
などの共有スペースが
荒れている場合は、
大家さんや管理会社の
目が行き届いていない。

気になる物件は夜間にも訪問を！

いいなと思った物件は、夜も見に行くのがおすすめ。周辺の明るさや人通り、騒音といった夜間の環境や、近隣住人の暮らし方なども見えてきます。

設備

他人との接触を最小限にできる設備があり、カギのセキュリティが
高い物件が安心です。次の３つは要チェック。

モニターつきインターホン

訪問者が来た際、相手の顔や服装をモニター
で確認できる。基本はインターホン越しに対応し、
心当たりがなく見知らぬ相手なら、通話せずに
そのまま居留守を使っても◎。

ないときは

モニターがなくてもインターホンの
受話器があれば、受話器だけで
対応を。受話器もない場合はド
ア越しに要件を聞き、簡単にドア
を開けないように。

宅配ボックス

在宅・不在にかかわらず非対面で荷物を受け取れ
るため、防犯面に加え、再配達の手間なども省ける。
ただし、ボックスの暗証番号を知られると盗難のリ
スクもあるので注意しよう。

ないときは

配達日時を指定して、玄関前に置いてもらう「置き配」に。
駅や街中のロッカー、コンビニなどで受け取れるシステム
も利用して。

二重ロックのカギ

玄関のドアは、二重ロックできるとベ
スト。カギが複数あるほうがもちろん
防犯性はアップし、狙われにくくもなる。
必ずすべてのカギを閉めるように。

ないときは

ドアに穴を開けずに取りつけられ
る補助錠などを活用。穴を開ける
タイプにしたいときは、必ず大家さ
んや管理会社に確認を。

油断しないで！

気をつけよう！

過信しがちな３大キーワード！

1 オートロック

オートロックつきの物件は安全
と思われがちですが、住人に紛
れたり、宅配業者を装ったりし
て簡単に侵入することができま
す。絶対に油断は禁物。

2 2階以上

「2階以上は安全！」は、もはや
都市伝説。足場があればベラ
ンダなどから簡単に侵入できる
ため、階層に関係なく、戸締ま
りは徹底しましょう。

3 防犯カメラ

犯罪の抑止力にはなるが、実
は機能していなかったり、ダミー
カメラだったりする場合も。うま
く避けてくる侵入者もいるため、
過信は厳禁です。

先生の 抜き打ち！ お部屋CHECK！

ひとり暮らしでは、部屋のインテリアや生活習慣など、些細なことから犯罪の標的になってしまうことが。こんなNG行動、しようとしていませんか？

しっかりチェック
していくよー！

NG かわいいデザインの カーテンをつける

花柄やピンクなどのかわいらしいカーテンは「女性のひとり暮らし」を宣言しているようなもの。窓辺のかわいい雑貨なども同様なので、避けるように。夜にカーテンを開けっぱなしにするのもNG！

NG ベランダにセンサー ライトがない

人の動きに反応するセンサーライトがあるだけで、不審者は躊躇するもの。手頃なものでいいので、つけるようにしよう。

NG ベランダに 下着を干す

下着はできれば室内に干す。どうしても外で干したいときは、外から見えないようにするなどの工夫を。

NG 個人情報が書かれた 郵便物をそのまま捨てる

名前や住所が書かれた書類や郵便物は、細かく切ってから捨てるのが鉄則！ 段ボール箱も、宅配便などの伝票をはがしてから処分を。

NG 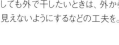 枯れた植物を 置きっぱなしにする

枯れた植物を放置する住人はだらしなく、防犯意識も低いと思われがち。また、長期不在と見なされ、空き巣に狙われることも。

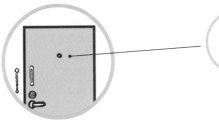

NG ドアチェーンをかけていない

在宅時は施錠に加えて、チェーンも必ずかけるように。とはいえ泥棒などは外から外してしまうこともあるので、過信は禁物。

NG ドアスコープがむき出し

特殊な道具を使えば、ドアスコープを通して外から部屋の中を覗くことができる。覗き被害防止のために、市販のドアスコープカバーや飾りなどでふさいでおくと安心。

NG 表札にフルネーム

表札にフルネームを書くのは個人情報を知られることにもつながる。表札は出さないか、書くとしても苗字だけに。

NG 郵便受けに郵便物をためている

エントランスや玄関の郵便受けに郵便物がたまっていると、不在と見なされ空き巣のターゲットに。郵便物を盗まれることもあるので、毎日取り出すことを心がけて。

NG 玄関から部屋の中が丸見え

玄関ドアを開けたときに室内が丸見えだと、プライバシーや生活習慣があらわに。仕切りのドアがない場合は、つっぱり棒にのれんをつけるなどして目隠しを。

楽しいひとり暮らしのためにも安全には気を配ろうね！

あれ、もしかしてわたしの部屋やばいかも…!?

身を守る行動を！ 〜自宅編〜

家の中だけでなく、家に入るときや共用部分でも防犯対策は必須！
手遅れにならないよう、身を守る行動を意識しましょう。

家の中ではリラックスして過ごしたいもの。つい油断しがちですが、そのちょっとした気のゆるみが犯罪被害を引き寄せる原因になることも。常に気を張れとは言いませんが、玄関や窓のカギを閉める、すぐにドアを開けないなど、最低限の防犯意識は徹底しましょう。

また、帰宅時に家に入る際も、周囲を見渡すなどの心がけが大切です。集合住宅の共用部分では、エレベーターの乗り方などにも注意しましょう。

何か頼んだっけ？

お荷物です

家の中

すぐにドアを開けない

インターホンが鳴ってすぐにドアを開けるのはNG。どうしても開けなければならないときは、必ずドアチェーンをかけたまま対応を。身に覚えのない配達などは、絶対に内容を確認して。

どんなときも カギを閉める

ゴミ出しや近くのコンビニなどへの外出でも、玄関のカギは必ず閉めて。また、トイレ使用時や入浴、就寝時などに窓を開けっぱなしにするのも厳禁。

部屋からの景色を SNSにアップしない

どんなに些細な投稿やアングルからでも、住んでいる場所を特定されてしまうことが。SNSでの動画配信なども、映り込みには要注意。

先輩 voice

フードデリバリーは本名ではなくてでたらめな名前で登録して、受け取りは置き配に！ 配達員さんが去ったのを確認してから回収するようにしているよ。

定期的に盗聴器を確認

盗聴器は、引越しや家電、家具の設置の際など、「まさか」と思う瞬間に仕掛けられることが。目視のほか、3,000円程度で買える発見器もあるので、定期的に確認すると安心。

盗聴器が仕掛けられやすい場所

- ぬいぐるみや置物の中　● エアコンの上
- コンセントの中　● 時計やポスターの裏
- ベッドやソファの裏、すき間

共用部分

何かあってからでは遅いよ！

エレベーターは
他人と一緒に乗らない

エレベーターは完全な密室。乗る前は周囲を確認して、挙動不審な人とは一緒に乗らないように。もし乗りあわせてしまったら、次の階ですぐに降りて。

乗るときは壁に背を向けてボタンの近くに立ち、荷物は体の前に抱えて持つ。

表札や郵便受けの
不審な文字はすぐに消す

空き巣は事前に下見をすることが多いため、ターゲットの情報を表札や郵便受けなどに書いておくことが。不審な数字や文字があればすぐに消そう。

WS 9-6

例えば「WS 9-6」なら「女性（W）、ひとり暮らし（S）、9〜18時不在（9-6）」という意味。

家に入るとき

1 カギは事前に準備

自宅に近づいてきたら、カギは手に持っておく。見えるように持っていると、家が近いとバレるかもしれないので、ポケットやバッグの中などで隠し持つと◎。

2 カギを開ける前に 周囲を確認

カギを開け、家に入るときがもっとも注意したいタイミング。不審者が一緒に部屋に入ろうとしてきたり、カギを奪われたりする可能性が。必ず周囲を確認して。

3 素早く家に入り、 カギを閉める

カギを開けたら素早く家に入ってドアを閉め、すぐにカギをかける。チェーンも忘れずに。

家に入る前はこのルーティンを心がけて！

4 時間差で明かりをつける

帰宅後すぐに電気をつけると、部屋を特定される原因に。時間差で点灯するか、タイマー式の照明を利用して、帰宅の少し前に電気がつくよう設定を。

04 身を守る行動を！〜外出時編〜

不審者やひったくり、痴漢など、街にもたくさんの危険が潜んでいます。
昼夜問わず、防犯を意識することを心がけて。

外出時の防犯対策として大切なのは「いつ何が起こるかわからない」という意識をもつこと。とくにひとり暮らしを始めてすぐは、身近に助けを求められる人がいない可能性もあります。「自分の身は自分で守る！」という強い気持ちを大切に、防犯意識を高めましょう。

なかでも、夜道のひとり歩きは要注意。音楽を聞く、スマホをいじるなどの「ながら歩き」は厳禁です。SNSでは、居場所が特定できるような迂闊な投稿にも注意して。

危険！ 夜道での狙われ度チェック

NG イヤホンやヘッドホンをしながら歩く

イヤホンをしたり電話をかけたりしながら歩くと、周囲の気配を感じづらくなり危険。気がついたら不審者が背後に……なんてことも。

NG 一度も背後を振り返らない

人通りの少ない道ではチラチラと背後を振り返り、あとをつけてきている人がいないかの確認を。警戒していることのアピールにもなる。

NG スマホを触りながら歩く

画面に集中することで、イヤホンなどと同様に周囲の気配を感じづらくなる。事故のもとでもあるので、歩きスマホは絶対にやめて。

NG 街灯の少ない道を歩く

遠回りしてでも、街灯がたくさんある明るい道を選ぶように。どうしても暗い道しかないときは、スマホのライトを点灯しながら歩こう。

こんな状況は
狙われ度100％！

危ないよ！
後ろ、後ろ！

NG 車道側にバッグを持つ

ひったくりの手段で多いのが、バイク利用。バッグは車道と反対側の手でしっかりと持つ。また、車のそばを通るのも避けて。車内に引きずり込まれる可能性あり。

外出時のセルフディフェンス

自分で自分の身を守る行動を。セルフディフェンスを実践しましょう！

 行動1　人通りの少ない道では20m以上距離を保つ

不審者は、狙った相手との距離が20m以上空くと諦めるといわれている。人通りの少ない道では、人との間隔は20m以上確保。危ない状況のときも、20m以上距離ができるよう、全力で走って逃げて。

 行動2　スマホを手に持ちながら歩く

通報したり防犯アプリをすぐに起動したりできるよう、スマホは手に持って歩くこと。機種によっては緊急時に警察や救急、家族に緊急連絡ができる「緊急SOS」の機能があるので、設定を。

 行動3　暗い道は自転車でも通らない

「自転車だから安心」と思いがちだが、それが落とし穴。暗闇からわざと飛び出してきた不審者に、自転車ごと倒されてしまうことが。かごにバッグを入れるのも、ひったくりに遭う危険性があるので注意。

 行動4　毎日同じ電車（車両）に乗るのは避ける

通勤・通学時間や使用ルートのルーティン化は、ストーカーや痴漢被害を引き寄せる一因に。毎日同じ時間の電車や車両に乗るのは避ける、時間を少しずらすなどして、事前に回避しておこう。

 行動5　防犯ブザーは見える場所につける

いざというときに機能しなければ意味がないので、防犯ブザーはカバンの持ち手など、見える場所につけておくと◎。使い方の練習も忘れずに。

 行動6　リアルタイムでSNSに投稿しない

リアルタイムでのSNS発信は厳禁！　居場所が特定され、待ち伏せなどの被害に遭う可能性がある。

 行動7　帰り道のコンビニや深夜の買い物に注意

帰宅時のコンビニやスーパーへの立ち寄りにも注意。とくにコンビニは店内が狭いため、不審者に目をつけられ、家までつけられる危険も。深夜の買い物もできるだけ避けて。

先輩 voice

 夜、音楽を聞きながら帰宅していたとき、カバンからカギを落としてしまい、後ろにいた人が追いかけてきてくれた。でも、背後から肩を叩かれるまでその気配に全く気がつかず。これがもし危ない人だったらと思うと、ゾッとした。

注意！　こんな投稿は危険！

リアルタイムでなくても、自宅や学校、駅や近所のカフェなど、日々の行動範囲がわかる投稿は危険です。また、マンホールや電柱、看板など、小さな情報も場所の特定につながるので、投稿の際は必ず確認を！

アップする前によく考えよう！

159

05 もしも○○に遭ったら

実際に不審者や空き巣の被害に遭遇してしまったときは、あわてず対処を。
まずは、自分の身を守る行動を第一に考えましょう。

「自分は大丈夫」と油断している人にほど、知らず知らずのうちに、犯罪の影が忍び寄ってきているもの。日々の防犯対策はもちろんですが、万が一のときのために対処法をきちんと把握しておきましょう。

つきまといや忍び込み、空き巣など、どんなケースでもいちばんに考えてほしいのは「自分の身の安全」。変に相手を挑発したり自分で解決しようとしたりせず、すぐに逃げること。そして、誰かに助けを求めてください。

もしも... あとをつけられたら

コンビニなどに逃げ込む

近くのお店などに入り、事情を説明してから警察に通報。姿が見えなくなっても近くに潜んでいる可能性があるので、絶対にひとりでは帰らないで。

タクシーに乗るか迎えに来てもらう

すぐにタクシーで自宅まで帰るか、コンビニなどに逃げ込んでから、誰かに迎えに来てもらう。その際も見られていないか要注意。

自宅には絶対に駆け込まない！

恐怖から急いで家に入りたい気持ちはわかるが、相手に部屋を知られてしまうことに。周囲にお店などがないときは、近隣住民に助けを求めて。

もしも... 自宅で不審者と遭遇したら

就寝時もすぐに通報できるようスマホは寝床の近くに！

違和感があるときは部屋に入らない

閉めたはずの玄関のカギが開いている、靴が散乱しているなど、何か異常を感じたときは、絶対に部屋に入らないように。大家さんや近所の人、もしくは警察に事情を話して、つき添ってもらおう。

すぐに外に出て大声で助けを呼ぶ

もし不審者と遭遇してしまったら、説得したり闘ったりしようとはせず、すぐに外へ出て助けを呼ぶこと。もし襲いかかってきたら、近くにあるものを投げつけ、相手がひるんだすきにすぐに逃げて。

もしも… 空き巣に遭ったら

あわてずに次の手順で対処してね…！

1 部屋の中には入らず 即座に110番通報を

犯人がまだ隠れている危険があるので、すぐに部屋の外に出て110番通報を。警察が来るまで、部屋のものには絶対に触らないように。

2 管理会社や 大家さんに連絡する

警察へ通報後、管理会社や大家さんに連絡。カギや窓が壊されていた場合、修理や交換の手配もお願いする。

3 隣人にも注意喚起をする

犯人がまだ近くにいる可能性もあるので、隣人にも注意の声かけを。できれば、警察が来るまで一緒にいてもらうと安心。

4 家の中の写真を撮る

警察が来るまでに家の中を撮影しておき、あとで盗まれたものを確認。盗聴器などが仕掛けられた可能性もあるので、逆に増えているものがないかもチェックする。

5 場合によっては、銀行や カード会社に連絡する

クレジットカードやキャッシュカードは利用停止の連絡を。そのほか、実印や免許証、パスポートなども紛失や再発行の届出をしよう。

> **注意！** 警察が来るまでは 部屋のものに触らない
>
> 犯人の指紋や靴あとが消えないように、警察が来るまでは絶対に部屋のものに触れないように！写真を撮るときも現状をキープしましょう。

 覚えておこう

長期不在の際は配達を止める

郵便物が郵便受けにたまっていると長期不在を察知されやすいので、事前に不在届を出して配達を止めておくと◎。玄関の電気をタイマーで点灯するようにしておくことでも、不在を悟られにくくなります。

空き巣に遭ったら 引越しも考えて

空き巣に一度目をつけられると、繰り返し狙われる可能性が高い。安全を考えて、できれば引越しを検討しましょう。

玄関と窓のカギを強化！

身近に潜む危険に注意！

あなたの生活を脅かすような危険は、職場や学校、身近な場所にも潜んでいるかもしれません。怪しい誘いには、断固拒否を貫いて！

新生活が始まり人間関係や行動範囲が広がると、その分、危険な誘惑や罠も増えるもの。学校や職場の友人、先輩など、身近な相手からの誘いは断りにくいものですが、どんな相手にも「NO！」と言える勇気をもちましょう。

ひとり暮らしは自由な半面、自分で物事を見極めて判断する力が重要です。悪質な勧誘や詐欺などに引っかからないために、少しでも怪しく感じたら話にのらず、危ない交友関係を築くのも避けるようにしましょう。

 ## 知人の誘いに潜む危険

マルチ商法

「簡単に稼げる」「投資をしないか」「紹介料が入る」など巧みな言葉で勧誘し、元金をだまし取ったり、高額商品を購入させたりする。組織ぐるみが主で、大学生を狙った手口も多いので要注意！

カルト宗教への勧誘

友人や先輩などに悩みを相談したら、いつの間にか宗教の話に。その後、団体での強引な誘い、金銭の要求などエスカレートしていく可能性があるので、興味本位で会合などに参加するのはやめて。

危険ドラッグ

「合法ハーブ」「合法アロマ」などと称して販売しているものもあるが、もちろん違法。タバコ感覚で手を出す若者が増えているが、その作用は覚せい剤や麻薬と同様なので、絶対に使用しないで。

保証人詐欺

借金などの連帯保証人を依頼されても、絶対に引き受けないように！　そのまま借主が逃げてしまい、借金を肩代わりさせられてしまうことが。どんなに仲のいい相手でも、冷静に判断して。

誘う側に引き込まれると
人間関係の破綻にもつながるよ！

注意！ **迂闊な行動が
犯罪につながることも!?**

自分にはその気がなくても、知らないうちに詐欺に加担していたり、犯罪に巻き込まれてしまったりすることも。そうならないために、次の行動でバリアを張っておきましょう。

- 本人確認書類のコピーを取らせない
- 個人情報を気軽に教えない
- 身に覚えのない荷物は受け取らない
- 疑わしいセミナーや会合などには参加しない
- 久しぶりの友人からの連絡には注意する
  （とくに執拗に会いたがるときなど）

街での誘いに潜む危険

キャッチセールス

アンケートや無料体験などの名目で声をかけ、事務所などに連れ込み、高額な商品やサービスを契約させる。化粧品、エステ、美顔器などが多い。

スカウト

芸能界への誘いなどをエサにした、悪質なスカウト詐欺には要注意。高額なレッスン料を要求されたり、AV出演を強要されたりするケースもある。

> **即決は禁物!**
> どんな誘いもまずは疑い、即決はしないように。ていねいだが勧誘が強引、契約を急がせるなどの場合は悪質業者の可能性大。絶対について行かないようにしましょう。

ネットやSNSに潜む危険

ワンクリック詐欺

ウェブサイトやメールに貼られているURLをクリックしただけで、多額の料金を請求されるもの。支払う義務はないので、あわててお金を振り込まないで。

チケット詐欺

人気のライブチケットなどをSNSやネットオークションで譲ると持ちかけて、高額な金銭だけだましとるもの。ファン心理を悪用した手口!

デート商法

SNSや出会い系サイトで知り合った相手が、こちらの好意につけ込んで、高額な商品やサービスの契約をすすめてくるもの。甘い言葉にはだまされないで!

> SNSでは自分の何気ない投稿が、著作権や肖像権を侵害したり、第三者を傷つけたりすることもあるよ!

性的同意を確認しよう

性的同意とは、性的な行為の際に、お互いが積極的に望んでいるかを確認することです。必ず双方の気持ちを確かめあい、イヤなときは正直に伝える、イヤだと言われたら理解する、そうした対等な関係を築いていきましょう。

覚えておこう

被害に遭ったら 消費者ホットライン「188」へ

しつこい勧誘に困ったり不当な高額商品を購入してしまったりしたときは、まず「188」に電話相談を。特定の販売方法で購入したものなら、一定の期間内であれば「クーリング・オフ」制度で解約できます。もし詐欺だと確信している場合は、すぐ警察に通報を。

\ もしものために備えておきたい /

おすすめ 防犯アイテム

ひとり暮らしの先輩たちに聞いた、これだけは持っておきたい！
対策しておいて損はなし！　というおすすめの防犯アイテムを紹介します。

催涙スプレー

何かあったときのために……
と思って購入。持っているだけで、
少し安心できる。でも、風向きに
注意しないと自分にかかるので、
扱いには注意して！

防犯ブザー

いざというときに
声を出すのは難しいので、
絶対にカバンにつけて
おいて！　LEDライトつきの
タイプがおすすめ。

補助錠

玄関のカギが1つしかないから、
防犯のために補助錠で
セキュリティ強化！
穴を開けずに取りつけできるよ。
窓にも同様に補助錠を！

ドアスコープカバー

部屋の中が玄関から丸見えになる
間取りだから、取りつけてるよ。
のぞき穴を隠せるなら、穴をマステで
覆うだけでもOK！

防犯フィルム

空き巣の半数以上が窓を割っての侵入
と知り、購入。窓ガラスの飛散も防げて
防災対策にもなるから、一石二鳥！

センサーライト

人感センサーのライトをベランダに
つけておくとちょっと安心かな。
キャンプとかでも役に立つよ。

サムターン回し防止カバー

ドアのすき間や郵便受けから器具を
入れてカギを開けてしまう「サムターン回し」
という空き巣のテクがあるらしい……。
サムターンにはカバーをつけておくといいよ。

ミラーレースカーテン

レースカーテンって、意外と室内の
様子が見える……！　でも日中にドレープ
カーテンを閉めるのはイヤだから、中が
見えにくいミラーレースを使っているよ。

備えあれば
憂いなし！

正しい情報を
見極めて

\ part /

9

防災対策

地震などの予期せぬ災害は、
ひとり暮らしであれば余計に不安なもの。
事前に防災対策をしたり、
基本の行動を把握したりしておくことで、
もしもの状況に備えましょう。
また、自分の不注意による
小火などにも気をつけて。

災害への備え

備えをしておけば、災害が起きたときに落ち着いて行動することができます。
ひとり暮らしに必要な災害対策を確認しましょう。

災害が起きたとき、今いる場所ではどんなことが起こり、どのような状況になるのか、身を守るためにはどう行動すればいいのかを考えておくことが、備えの第一歩です。

例えば自分の部屋にいるときに地震が起きた場合、置いてある家具やものが強い揺れによってどういうことになるのか、落ちてくるものはないか、どこへどうやって逃げるのかなどをイメージします。そのうえで、自分の命を守ることを最優先に考えた対策をしておきましょう。

安全な部屋作りのポイント

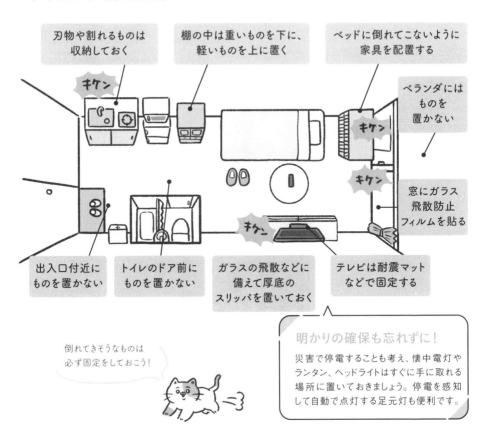

刃物や割れるものは収納しておく

棚の中は重いものを下に、軽いものを上に置く

ベッドに倒れてこないように家具を配置する

ベランダにはものを置かない

窓にガラス飛散防止フィルムを貼る

出入口付近にものを置かない

トイレのドア前にものを置かない

ガラスの飛散などに備えて厚底のスリッパを置いておく

テレビは耐震マットなどで固定する

倒れてきそうなものは必ず固定をしておこう！

明かりの確保も忘れずに！

災害で停電することも考え、懐中電灯やランタン、ヘッドライトはすぐに手に取れる場所に置いておきましょう。停電を感知して自動で点灯する足元灯も便利です。

今すぐやろう！

これだけはやっておきたい、今日から始められる防災対策です。
簡単なことから、少しずつ準備していきましょう。

ハザードマップの確認

地震災害、水害、土砂災害など自然災害による被害が想定される区域と、被害の程度を示した地図。地元自治体のサイトや、国土交通省の「ハザードマップポータルサイト」をチェックする。

消火器の確認

集合住宅では共用部分に置かれていることも。置いてある場所と使い方を確認しておこう。投げるタイプの消火器具を自室に置いておくと安心。

テレビや家具の固定

テレビや家具の固定は、引越しや大掃除のタイミングでやってしまおう。L字金具で固定するのがもっとも効果的だが、賃貸物件では難しいことも。耐震マットやポール式器具などを使おう。2種類組みあわせれば強度がアップ。

☐ 耐震マット

設置したい場所に貼るだけでテレビなどが固定できる。

☐ ポール式器具

天井と家具の間に設置し、つっぱって固定する。

☐ 段ボール箱

天井と家具の間にすき間なく置いて固定する。

「171」の使い方を確認

災害用伝言ダイヤル「171」は、地震などの災害によって電話がつながりにくくなったときに提供される、声の伝言板。家族や友だちと事前に話し合っておき、活用しよう。

```
        ┌─────────────────────┐
        │ 「171」にダイヤルする │
        └─────────────────────┘
           ↓               ↓
  ┌──────────────┐  ┌──────────────┐
  │ 録音の場合は  │  │ 再生の場合は  │
  │ 「1」を押す   │  │ 「2」を押す   │
  └──────────────┘  └──────────────┘
           ↓               ↓
  ┌─────────────────────────────────┐
  │ ガイダンスに従ってメッセージを   │
  │ 録音または再生する               │
  └─────────────────────────────────┘
```

バッグに入れておきたい防災アイテム

いつも持ち歩いていると災害時に役立つものです。このほか、自分に必要なものを考えてみましょう。

☐ モバイルバッテリー　　☐ マスク

☐ 本人確認書類　　☐ あめなどのお菓子

☐ ヘッドライト　　☐ 飲料水

☐ 携帯トイレ、ティッシュ　　☐ 大判のハンカチ

☐ 救急時止血用パッド　　☐ 大型のポリ袋（折りたたんで）

☐ ウェットティッシュ　　☐ 生理用品（女性）

日頃から備蓄を！ ▶ P.174

02 地震のときの行動

地震が発生したとき、いちばん大切なのは命を守ること。できるだけ
落ち着いて行動できるように、基本の行動を覚えておきましょう。

グラッ！　ときたら、「ものが落ちてこない・倒れてこない・移動しない場所」で揺れがおさまるのを待ちます。火を消したり出口を確保したりするのはそのあと。どこにいても、まずは自分の命を守ることが最優先です。

外に逃げるときは、瓦や看板、ガラスなどの落下物に注意します。地震の規模、余震や被害の状況などを確認し、正しい情報を得てから次の行動に移りましょう。

地震発生時にまずやること

 行動1 建物の耐震性により
外へ避難

大きな揺れを感じたら、①耐震性の低い建物なら素早く外に出る　②耐震性の高い建物なら、倒れる家具から離れ、姿勢を低くしてクッションや枕、本などでとにかく頭を保護。揺れがおさまったら、玄関のドアや窓を開けて避難ルートを確保する。

 行動2 二次災害の危険性を
確認する

火を使っていた場合は、すぐに消火。ブレーカーを落とし、ガスの元栓も閉める。津波、火災、液状化など二次災害の危険性があれば、すぐに避難。安全な場所で、余震に気をつけながら様子を見る。

 行動3 被害状況により
避難所へ行くか判断

災害の規模やライフラインの状況、建物の被害状況などから、避難所へ行くかを判断する。

避難所or在宅避難はどう判断？ ▶ P.170

どこにいても
まず身を守る！

こんなときに地震が起きたら!?

いろいろな場所で地震発生時のシミュレーションをしておきましょう。

調理中

熱い鍋、包丁、ガスコンロ、冷蔵庫などキッチンには危険がいっぱい。火を使っていてもまずはキッチンから離れ、安全な場所で身を守ることを優先しよう。揺れがおさまったら落ち着いて火を消して。

就寝中

枕や布団で頭を保護し、家具などが倒れてこない安全な場所で揺れがおさまるのを待つ。懐中電灯と厚底のスリッパで足元に注意しながら歩く。

入浴中

湯船に入っていたらフチにつかまる。洗い場では洗面器で頭を守りすぐに浴室から出て、安全な場所に移動する。

トイレの中

揺れを感じたら、閉じ込められないようにすぐにドアを開け、安全な場所に移動する。

エレベーターの中

揺れを感じたら、行き先階のボタンを全部押し、最初にドアの開いた階で降りる。もし閉じ込められたら、インターホンを押して連絡し、救助を待つ。

屋外にいるとき

瓦やガラス、看板の落下によるケガに注意する。ブロック塀は倒壊する可能性があるので、近づかないこと。

地震発生後のNG行動

揺れがおさまっても火災やケガには注意して行動を。
大きな被害につながるような行動はしてはいけません。

救助活動をひとりでするのもやめてね!

火をつけない

ライターやマッチ、ガスコンロなどに火をつけない。ガスに引火して爆発する危険がある。

電気のスイッチに触らない

通電することで火災や爆発の危険があるので、電気のスイッチに触らない。

電気が原因の出火に注意!

ブレーカーを上げない

状況によっては通電することで火災が起きる場合があるので、揺れがおさまっても、すぐにブレーカーを上げない。

エレベーターは使わない

閉じ込められる危険があるので、避難するときにエレベーターは使わない。

部屋の中をはだしで歩かない

いろいろなものが散乱しているので、はだしで歩くとケガをする。厚底のスリッパや靴を履いて動こう。

避難所or在宅避難はどう判断?

 遠方の実家を
頼ることも考えよう!

避難するかしないかは、自治体などからの正しい情報と、
自分自身で確かめた情報をもとに、2段階で判断しましょう。

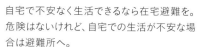

判断1 危険度を見極める

自宅や周辺の被害状況、二次災害などの可能性を考えて、不安がなければ判断2へ。1つでも不安や危険があるときは避難所へ。

- ☐ 自宅の被害の程度や倒壊のおそれがあるかを確認
- ☐ 近隣に火災、建物の倒壊があるか、その場合、自宅に影響があるか
- ☐ 津波、液状化、火災など二次災害への心配があるか

判断2 生活できるか判断する

自宅で不安なく生活できるなら在宅避難を。危険はないけれど、自宅での生活が不安な場合は避難所へ。

- ☐ 電気、ガス、水道は通っているか
  (途絶していても防災用品で代用できる)
- ☐ 食料や生活用品はあるか

非常用持ち出し袋の中身リスト ▶ P.174

不安あり

不安あり

不安なし

避難所

自宅に住めない人を一時的に受け入れる場所が避難所。ルールとマナーを守り、助けあいながら生活しよう。避難する際は、防災や防犯の対策をしてから家を空ける。

避難所に行く前に

- ☐ ブレーカーを落とす
- ☐ ガス、水道の元栓を閉める
- ☐ 戸締まりをし、「無事です」という紙を貼る

在宅避難

自宅にも近隣にも危険がなく、生活物資もあるなら自宅で生活を続ける在宅避難がおすすめ。そのためには日用品等の備蓄が必要。

最低限の備蓄品リスト ▶ P.175

正しい情報を見極めよう

避難所へ行くにしても自宅で待機するにしても、まずは正しい情報に従うこと。テレビ、ラジオ、防災行政無線、自治体のサイトなどで確認しましょう。SNSでのデマには注意!

 注意! 災害時の犯罪に用心を!

災害時には、その混乱に便乗した犯罪が横行することがあります。空き巣のほか、避難所での盗難や性暴力も。避難所では貴重品を常に持ち歩く、すきを見せないなどの防犯を心がけて。

人のウワサに
だまされない!

03 火事を起こさない暮らし方

火事は財産と命を失うことのあるおそろしい災害です。火事の原因を作らない、火事を予防する環境作りを心がけましょう。

住宅火災の原因で多いのが、ガスコンロ、ストーブ、タバコからの引火や、コンセントや電気コードからの出火です。火の使用中はそばを離れない、近くに可燃物を置かないことを徹底しましょう。コンセントの差しっぱなし、ほこりなども火災につながるため注意を。

火災の原因を作らない！

注意1 差し込みプラグのほこりを掃除する

差し込みプラグにほこりがたまり、湿気も加わって出火することを「トラッキング現象」という。プラグは定期的に抜いて、ほこりを取り除くように。また、使用していないプラグは抜いておこう。

注意2 調理中の火に気をつける

調理中は火のそばを離れないこと。調理後はもちろん、来客や別のことでその場を離れるときも必ず火を消す。また、コンロの火が衣類のそで口などに移る「着衣着火」にも注意。そでや裾が広がっている衣服は避け、コンロの奥に調味料を置かないようにしよう。

注意3 暖房器具の上に洗濯物を干さない

電気ストーブなどの暖房器具の近くに、洗濯物など燃えやすいものは絶対に置かないで。また、外出時や就寝時には、暖房器具は必ず消そう。

高層マンションには防炎物品

高層マンション（だいたい11階以上）は居住している階に関係なく、カーテンやカーペットなどは「防炎物品」を使用しなければいけないことが、消防法により義務づけられています。低層階に住んでいても守りましょう。

注意！ 収れん火災を起こさない

日光がレンズにより反射または屈折して1点に集まることを「収れん現象」といいます。これが火事につながることがあるので要注意。窓際やベランダなど、日光が集中する場所にガラス製品や鏡、水槽などを置かないようにしましょう。

04 風水害への備え

地震や火災とは異なり、台風や大雨は事前に予測できます。自宅周辺の
災害リスクを知り、どのような対策が必要か考えておきましょう。

台風や大雨では、川の氾濫、浸水、道路の冠水、がけ崩れ、突風による窓ガラス・電柱・看板の破損などが発生するおそれがあります。

暴風雨の最中に、窓に飛散防止フィルムを貼ったり、食料を買いに行ったりすることは危険なので、雨や風が強くなる前に備えておくことが大切。ニュースなどで台風や大雨が近づいていることを知ったら、すぐに準備を始めましょう。ハザードマップなどで、居住地域の災害リスクを確認することも忘れずに。

事前にできる対策

やっておけば
安心だね!

対策 1 気象情報をチェックする

天気予報や台風情報、土砂災害情報などを事前にしっかりチェック。ハザードマップも確認し、自宅周辺の災害リスクを把握しておく。

今すぐやろう! ▶ P.167

対策 2 食料品を確保する

最低でも3日分の水と食料を確保しておこう。スーパーへ買い物に行くなら、品物がなくならないうちに早めに行くこと。

最低限の備蓄品リスト ▶ P.175

対策 3 飛ばされそうなものは室内に入れる

物干し竿や植木鉢、外に置いた傘など、飛ばされそうなものは家の中に入れる。

対策 4 窓に飛散防止フィルムを貼る

窓には飛散防止フィルムや布テープなどを貼って、ガラスが割れて飛び散るのを防ぐ。

対策 5 停電に備える

懐中電灯やランタン、ヘッドライト、スマホの懐中電灯機能などで、明かりを確保しておこう。ポータブル電源を用意しておくと充電できる。

対策 6 断水に備える

1日に必要な水（飲料用と調理用）は3L。最低でも3日分の水道水をポリタンクなどに汲みおきしておく。風呂の残り湯をためておくと、洗濯したりトイレを流したりするのに使える。

風水害が発生したときは

24時間営業している
ネットカフェや浴場施設に
避難してもいいね

行動1 情報を聞き、指示に従う

最新の気象情報はこまめにチェックし、自治体が発表する避難についての情報には従う。ニュースなどで以下のような言葉を聞いたら、災害が迫っているということ。不要不急の外出は控え、いつでも避難できる準備をしておこう。

危険が迫っている目安

☐ **特別警報**

数十年に一度の大雨が予想される場合や、浸水、土砂災害などの重大な災害が起こるおそれが非常に高まっているときに発表される。すぐに安全な場所へ避難する。

☐ **警戒レベル4「避難指示」**

対象となる地域の住民は、危険な場所から全員避難するという呼びかけ。警戒レベルは5まであるが、レベル5では安全な避難が難しいので、レベル4で必ず避難する。

☐ **1時間の雨量が20mm以上**

1時間に20mmの雨とは、傘をさしてもずぶぬれになるほどの土砂降り。不要不急の外出は控える。50mmになるとマンホールから水が噴き出し、100mmでは土砂災害などが発生する。

☐ **記録的短時間大雨情報**

1時間に100mm前後の猛烈な雨が降り、危険がすぐそこに迫っていることを知らせる情報。情報が出たらすぐに安全な場所で命を守る。

水が上がってきたり、流れがあったりするなら、近くの建物の上階に避難して！

行動2 動けるうちに避難する

周辺の状況が悪化してからや、暗い中での避難、冠水した道を歩きながらの避難はとても危険。気象情報、避難情報を確認して早めに避難しよう。

非常用持ち出し袋の中身リスト▶P.174

避難するときは

☐ スニーカー（またはマリンシューズ）を履く

☐ 台風のときはヘルメットをかぶる

☐ 強風のときは傘をささずにレインウェアを着る

☐ ブレーカーを落とす

☐ ガス、水道の元栓を閉める

☐ 川沿い、用水路、低地、周辺より低くなっている道路、山裾を通らない

☐ 傘の先端などで地面を確認しながら歩く

日頃から備蓄を！

ライフラインが止まったり、買い物ができなくなったりしても
数日間は困らないように、食料や日用品を備えておきましょう。

「非常用持ち出し袋」は、自宅から避難先へ行くときに持っていく袋です。避難生活で本当に必要になりそうなものを数日分入れ、玄関まわりや寝室などに置いておきましょう。

「備蓄品」は、電気・水道・ガスが止まることや、物資が手に入らないことを想定して備えておく品物。自宅で自力で生き延びるために必要なものを、最低でも3日分は備えておきましょう。リストのもの以外にも、自分に必要なものを考えて備えることが大切です。

非常用持ち出し袋の中身リスト

リュックなどの両手が空く
カバンに10kg以内を
目安にまとめよう！

必須アイテム

- □ 飲料水（500mL×2〜3本）
- □ 食料（ゼリー飲料やお菓子、レトルト食品など）
- □ 携帯トイレ（数日分）
- □ 応急処置セット（ばんそうこう、救急時止血用パッド、消毒液など）
- □ 歯磨きセット（歯ブラシ、液体ハミガキ）
- □ 衛生用品（マスク、アルコール消毒液、ウェットティッシュなど）
- □ 懐中電灯（ヘッドライト、ランタンなどでも。乾電池も用意しておく）
- □ 携帯ラジオ（乾電池も用意しておく。スマホにラジオアプリも入れておく）
- □ モバイルバッテリー（常に充電済みにしておく）
- □ 手袋、スリッパ、ヘルメット
- □ 寒さ・雨対策グッズ（使い捨てカイロ、非常用ブランケット、雨具など）
- □ 生理用品（女性）
- □ 寝袋

最低限の備蓄品リスト

これで3日分の目安。
まずはそろえてみよう！
10日分あると安心だよ

必須アイテム

- ☐ 飲料水（2L×5本）

- ☐ 食料（3食×3日分）
    主食（パックご飯6個、カップ麺3個）
    おかず（肉・魚の缶詰6個、レトルト食品3個。缶切りも用意しておく）
    汁もの（インスタントのみそ汁やスープ9個）

- ☐ 飲料（野菜ジュース、お茶、炭酸飲料など水以外の好みの飲み物500mL×6本）

- ☐ おやつ（フルーツ缶詰、お菓子など）

- ☐ カセットコンロとボンベ3本　　☐空のポリタンク　　☐携帯トイレ（3日分）

- ☐ 応急処置セット（ばんそうこう、救急時止血パッド、消毒液など）

- ☐ 衛生用品（マスク、アルコール消毒液、ウェットティッシュなど）

- ☐ 常備薬　　☐ ティッシュ、トイレットペーパー

- ☐ 懐中電灯（ヘッドライト、ランタンなどでも。乾電池も用意しておく）

- ☐ 携帯ラジオ（乾電池も用意しておく。スマホにラジオアプリも入れておく）

- ☐ ポータブル電源

- ☐ 手袋、スリッパ、ヘルメット

- ☐ 掃除用具（粘着クリーナー、がら袋、ほうき・ちりとり）

- ☐ 生理用品（女性）

貴重品はひとまとめに

普段からよく使うもの（本人確認書類や保険証、預金通帳など）
は、コピーしたものをジッパーつきの袋に入れておきましょう。

- ☐ 健康保険証　　☐ 現金（小銭も用意しておく）
- ☐ 運転免許証　　☐ 印鑑
- ☐ 本人確認書類　　☐ 預金通帳
- ☐ 家のカギのスペア

先輩 voice

非常用持ち出し袋は、こまごまと選び出すとキリがなくて腰が重くなる……。だから、まずは必要なものがセットになっている防災リュックを買うのがおすすめ！ そこから自分でアイテムを取捨選択するといいよ。

\ こんなとき、どうする!? /

外出先から
帰宅できなくなったら

大規模災害が発生したときに困るのが、「帰宅困難者」になってしまうケース。
ひとり暮らしを始めたばかりの慣れない土地、環境であればなおさら不安です。
不測の事態に備えて、取るべき行動を事前に把握しておきましょう。

命を守るために、すぐに「帰らない」

外出先で災害が起こったら「早く家に帰りたい」のは当然ですが、ちょっと待って。大勢の人が一斉に帰宅を始めると道路が過密状態になり、将棋倒しや群衆雪崩といった命を落としかねない事故が起こる危険性。救助・消火活動の妨げにもなるので、災害発生直後はむやみに移動せず、安全な場所にとどまって、「帰らない」ようにしましょう。

【帰るときは安全を確認して】

- ☐ 被害状況を確認し、安全なルートで帰る
- ☐ 人が集まる駅、混雑した橋や歩道橋は使わない
- ☐ 災害時帰宅支援ステーションで休憩する

勤務先や学校or「一時滞在施設」にとどまる

具体的にどうするのかというと、安全が確認できていれば勤務先や学校に戻る、または「一時滞在施設」で原則3日間待機します。一時滞在施設とは、待機する場所がない帰宅困難者を、一時的に受け入れる施設のこと。庁舎や体育館などの公共施設のほか、企業のエントランスホールや会議室、ホテルのロビーなどが使われることもあります。
＊「一時滞在施設」で検索。

災害時帰宅支援ステーション
災害時に水やトイレ、災害情報などを提供してくれます。全国各地のコンビニやファミレス、ガソリンスタンドなどがサポートを行っています。

 災害に役立つアプリ

NHKニュース・防災

ニュースや気象情報、速報、警報、注意報、地震速報など、幅広い情報が把握できるよ。災害時に役立つアイデアの紹介もあって便利!

radiko（ラジコ）

全国ネットのラジオ放送がスマホやパソコンで聴けるよ。地域のラジオ局が被災した場合でも安心……!

Yahoo! 防災速報

緊急地震速報や大雨による災害などの情報を、プッシュ通知で受け取れるよ。普段からの備えや役立つ情報も網羅してる。

トイレ情報共有マップくん

現在地の近くにある、公園などの公共施設をはじめ、駅、商業施設のトイレの場所が地図上に表示されるもの。緊急時はもちろん、日常的にも使えるよ。

ひとりで
抱え込まないで

無理は禁物！

\ part /

10
トラブル
対策

近隣住人とのいざこざや
貴重品の紛失などのトラブルにも気をつけて。
思わぬところから一大事に
発展してしまうケースもあるので、
早めの対処を心がけましょう。
また、慣れない環境で溜まった
疲れやストレスなども見逃さないで。

01 ご近所トラブル対処法

新生活を始めるときに気になるのが「ご近所トラブル」。
よくある事例と、その対処法を見ていきましょう。

集合住宅では騒音やゴミ出しのルール違反などをきっかけに、トラブルに発展する場合があります。困ったことが起きたらひとりで解決しようとせず、大家さんや管理会社など、まわりの人に相談して対処しましょう。

また、トラブルの原因になるのは"他人"だけではなく"自分"ということも。一度トラブルを起こすと、その後の居心地が悪くなってしまう可能性があるので、日頃からご近所への気遣いを忘れずに生活しましょう。

トラブルが起きたら

相手に直接クレームを言うと、逆上されたり、大きなもめ事に発展したりする場合があります。まずは管理会社や大家さんに相談するのがベスト。いつから、どんなことで困っているのか、できるだけ詳しく伝えましょう。

〈よくあるトラブルの事例〉

| 隣人の騒音 | ゴミ出しのルール違反 | 汚部屋の悪臭 | 共有スペースのマナー違反 | タバコのにおい | ペットの鳴き声、におい |

管理会社や大家さんへ相談する

契約時の書類を確認して、どちらかに連絡を。騒音の場合は、何時ごろに聞こえるかも伝えよう。原因となっている入居者へ電話する、エントランスに張り紙をするなどして対処してくれる。

地域の自治体へ相談する

管理会社や大家さんへの相談が難しいときは、自治体の生活課へ連絡してみよう。ゴミ出しのルール違反や悪臭問題など、自治体が絡むトラブルで悩んでいるときにおすすめ。

 注意! **身の危険を感じたら警察へ**

ものの破壊や盗難、暴力などの直接的被害がある場合は迷わず警察に連絡を。事件に当たるかわからないときは、まず相談窓口へ電話してみるのもひとつの手です。

📞 **警察相談ダイヤル #9110**

トラブルが起きても
相手を挑発するようなことは
絶対にしないで！

気をつけたいトラブルのタネ

 タネ 1 大きな生活音、騒音を出す

ご近所トラブルNo.1は騒音問題。テレビやネットでのライブ配信を大音量で視聴したり、友人が来たときに大声で喋ったりしているとトラブルの原因に。ドアの開閉音や、足音にも気をつけよう。

トラブルを防ぐために

- ☐ 深夜に音楽を聞くときはヘッドホンを使用
- ☐ 早朝や深夜に洗濯、掃除はしない
- ☐ 厚手のカーペットを敷いて足音対策

 タネ 2 ゴミ出しのルールを守らない

収集の曜日や時間を守らなかったり、粗大ゴミを不法投棄したりするのはルール違反。いい加減な分別をすると収集作業員にも迷惑がかかるので、自治体のルールを守ること。

ゴミの出し方 ▶ P.80

トラブルを防ぐために

- ☐ 分別方法を定期的に確認する
- ☐ 部屋にゴミ出しカレンダーを張る

 タネ 3 共有スペースに私物を置く

玄関前の廊下、集合ポストの前などに私物を置くとほかの入居者の迷惑に。万が一火災が起きたとき、ものによっては火が燃え広がりやすくなったり、避難経路の確保に支障が出たりする可能性も。

トラブルを防ぐために

- ☐ 外用ゴミ箱や植物はベランダへ
- ☐ 自転車を置く場所は管理会社へ相談

先輩 voice

 洗濯物が風で飛ばされて、下の階の人に迷惑をかけたことがあるな。ベランダ干しするときは風で飛ばされないように、シャツは前のボタンを留める、ハンガーはキャッチ式のものを使うなどの工夫をしてね。

 傘を濡れたまま玄関前に吊るしていたら隣人に注意されたことがある。傘はベランダで干すか、ある程度雨水を落としてから玄関に置くようにしたよ。

 タネ 4 ペットやタバコのにおい

共同住宅で起こりやすい悪臭問題。ペットの排泄物をため込んだり、ベランダでタバコを吸ったりすると隣人の洗濯物ににおいがつき、トラブルになるケースが多いので、注意して。

トラブルを防ぐために

- ☐ ペット用消臭剤を置く
- ☐ 脱臭性のある壁紙を貼る

02 ○○をなくしたとき

カギや財布、携帯電話などの貴重品の紛失には要注意！
もしものときにもあわてず、各所へ速やかに届出を。

どんなときでも貴重品の紛失は焦るものですが、とくにひとり暮らしの状況下では、家に入れない、手元にお金がないなど、より深刻な状態に。まずはあわてず対応して、悪用や個人情報の漏洩などを防ぎましょう。

日頃から管理を徹底することはもちろん、スマホに紛失対策アプリを入れておく、カギ紛失時の対処法を契約書で確認しておくなど、事前の対策も重要。ピンチのときに助けてくれる人を身近に作っておくことも大切です。

カギをなくしたとき

まずは服のポケットや
カバンの底などを
くまなくチェック！

1 時間帯に合わせて紛失の連絡を

 管理会社や大家さんへ連絡する

連絡がつく時間帯なら、管理会社や大家さんに連絡を。スペアキーやマスターキーを持っている可能性があるので、問いあわせる。

 専門業者へ連絡する

深夜などで大家さんや管理会社と連絡がつかない場合は、専門業者に対応を依頼する。費用は、1〜2万円が目安。翌朝、すぐに管理会社などに連絡を。

2 警察に遺失届を出す

速やかに最寄りの交番や警察署に遺失届を提出。立ち寄った施設や利用した公共交通機関などにも連絡をしてみよう。

3 カギの交換を検討する

防犯のためにカギは交換したほうが安心。早めにシリンダーごと交換を。ただ、オートロックつきの物件の場合は悪用されると共用玄関を突破されてしまうので、全戸のカギ交換が必要になる可能性も。

 業者はオートロックの開錠ができない！

業者は共用玄関のカギを開けることはできません。そこで困るのが、オートロックと玄関のカギが同じ場合。右のような方法で共用玄関を通過できなくもありませんが、不審に思われないよう注意。深夜などで難しい際は無理をせず、ネットカフェなどで過ごし、翌朝、管理会社などに連絡を。

共用玄関の通過方法

● ほかの入居者が入るときについていく
● インターホンで事情を説明し、ほかの入居者に開けてもらう
● 非常口のドアが開いていないか確認する

財布をなくしたとき

1 カード類の利用を停止する

クレジットカードは悪用される危険性大。多くのカード会社は365日、24時間対応なので、すぐに利用停止と再発行の連絡を。キャッシュカードも同様に手続きする。

2 警察に遺失届を出す

速やかに最寄りの交番や警察署に遺失届を提出。立ち寄った施設や利用した公共交通機関などにも連絡をしてみよう。

3 本人確認書類を再発行

財布の中に免許証、保険証、マイナンバーカードなどの本人確認書類が入っていた場合も、すぐにそれぞれの機関で再発行の手続きをする。

携帯電話をなくしたとき

1 位置情報を確認する

GPS機能を使った位置情報サービスやスマホ紛失対策アプリをスマホに入れていれば、その機能を使って端末を捜す。拾い主がいれば、警察に届けてもらうなどの対処をお願いして。

> **スマホ紛失対策アプリは事前に入れておこう!**
> スマホ紛失対策アプリを入れておけば、リモートでロックをかけたり、ロック画面にメッセージを表示したりできます。位置情報を常にONにしておくことも忘れずに。

2 携帯電話会社へ連絡する

位置情報が確認できなければ、ネットや電話で、携帯電話会社へ利用停止の連絡を。スマホ決済アプリを入れている場合もアプリ会社へ連絡し、利用停止を依頼する。

3 警察に遺失届を出す

速やかに最寄りの交番や警察署に遺失届を提出。立ち寄った施設や利用した公共交通機関などにも連絡をしてみよう。

覚えておこう!

管理会社などの連絡先を控えておく

もしものときにすぐに連絡ができるよう、管理会社の連絡先を手帳などに控えておくと安心です。

緊急連絡先リスト▶P.191

交通系ICカードの紛失は駅窓口に

紛失に気づいた時点で駅窓口に届出を。記名式や定期券の場合は利用停止と再発行ができ、チャージ残額を保証してくれることもあります。

スマホのロックは二重でかけておく

端末自体のロックはもちろん、SNSやスマホ決済アプリなどにも設定し、二重でロックしておくと◎。端末のロックとアプリの暗証番号は違いをつけましょう。

03 住まいのピンチ! アレコレ

水回りやガスのトラブル、床や壁の破損などが発生したら、
応急処置を行い、すぐに管理会社や専門業者に連絡しましょう。

日々の暮らしの中で困るのが、水のトラブル。もし上の階からの水もれなどの被害があれば、すぐに管理会社に相談を。ガスもれなどのトラブルにも早急に対応しましょう。

このほか、住まいの破損についても注意が必要。自分の過失で床や壁などに傷・汚れをつけてしまった場合、退去時に修繕費の支払いを求められることがあります。

水のトラブルが起きたら

☐ 管理会社や大家さんへ連絡

上の階からの水もれでも、自分の不注意による場合でも、まずは管理会社や大家さんに連絡を。業者の手配などをしてもらえる。水をふく前に、被害に遭った場所を写真や動画で残しておくことも忘れずに。

☐ 保険や共済の加入を確認する

賃貸借契約書で、加入している保険をチェック。火災保険などには、おおむね水もれ（水濡れ）の補償がついているので、補償の対象か確認を。

お悩みNo.1!

トイレ詰まりの応急処置

水回りのピンチで多いのが、トイレ詰まり。
紙や排泄物が原因の場合の応急処置を紹介します。

1 汚れ防止に床に新聞紙を敷き、ゴム手袋をはめる。

2 便器の中の水をできるだけくみ出してから、バケツに入れた水を高い位置から少しずつ便器に流し込む。

3 ❷でダメなら、50℃くらいのお湯を同様に流し、しばらく様子を見る。熱湯は便器を破損させるのでNG！

4 ❸でもダメなら、ラバーカップを使用。便器の排水口に押しつけて密着させ、素早く引っ張る。これを複数回繰り返す。これでもダメなら専門業者に依頼して。

必要なもの

● 新聞紙 ● ゴム手袋 ● バケツ
● 水、お湯（50℃くらい） ● ラバーカップ

ガスもれに気づいたら

□ 火気の使用をやめ、窓を開ける

ガス臭く感じたときに火を使っていたら、すぐに火を消し、窓や戸を開けて換気する。LPガスは空気より重いので、低いところにたまったガスにも注意。

□ ガス会社へ連絡する

十分に換気された場所でガス会社に連絡を。必要に応じて近隣にも注意喚起をして、火気の使用をやめてもらう。

□ ガス栓、メーターガス栓を閉める

ガス栓とメーターガス栓を速やかに閉める。事前にガスメーターの設置場所を確認しておくと安心。

注意! 換気扇は回さないで!

スイッチのON／OFFで火花が飛ぶ可能性があるので、換気扇や電灯などのスイッチには絶対に触れないで! 充満した空気を外に出したいときは、うちわなどを使いましょう。

壁や床、家電が破損したら

エアコンが壊れた!

もともと設備としてあったエアコンの場合、大家さんや管理会社に連絡しよう。修理などの手配をしてくれる。

窓ガラスが割れた!

ケガに注意して破片を集め、段ボール箱や厚手の紙袋にまとめる。その後、管理会社に連絡して修理や交換の手配をしてもらう。

割れたところは段ボールやブルーシートで覆う

壁に穴が開いた!

画鋲などの小さな穴は、補修グッズで対処してもOK。穴が目立つ場合はパテなどを使うと◎。大きな穴は大家さんや管理会社に連絡を。

床に傷がついた!

小さなひっかき傷なら、市販の補修グッズで対処してもOK。大きな傷の場合は、大家さんや管理会社に連絡を。

過失による住まいの汚れや傷は退去時に修繕費を請求されることも! P.189をチェックしてね。

先輩 voice

入居して間もなく、備えつけのエアコンが壊れてしまったことがあったけど、管理会社に連絡したらすぐに新品と取り替えてくれたよ!

病気やケガに備えよう

初めてのひとり暮らしで心配なことのひとつが体調を崩したときの対処。
早めに処置できるよう、日頃から備えておくと安心です。

ひとり暮らしでの急な病気やケガは、思っている以上に心細く、不安になるもの。体調を崩したときにまず頼れるのは自分自身です。普段から健康管理に気をつけるのがいちばんの対策ですが、不測の事態に備えてすべきこと、ケガの応急処置を確認しておきましょう。

体調不良の原因が感染症や食中毒ということもあります。市販薬で回復しない場合は、症状が悪化する前に病院へ行きましょう。

バランスのとれた
食事のほか、睡眠、
運動も忘れずに！

急な病気・ケガに役立つ4つの備え

備え1 自宅から近い病院を把握しておく

急なケガや体調不良に見舞われたとき、つらい状態で病院を探すのは大変。すぐに診察してくれる病院や、夜間診療を受けつけている病院があるかなどを事前に確認しておこう。

備え2 緊急連絡先を控えておく

体調の急変や大きなケガなど、何かあったときのために家族や友人の連絡先をまとめておくと安心。

緊急連絡先リスト ▶ P.191

備え3 保険証やお薬手帳を携帯しておく

保険証を持たずに診察を受けると、医療費は全額負担に。出先からでも病院へ直行できるように携帯しておこう。お薬手帳もあると安心。

お薬手帳とは？

過去に処方された薬の情報を記録するもの。お薬手帳があれば、初めての病院でも適切な診断と処方をしてもらえるので、カルテの代わりにもなります。アプリで管理するのもおすすめ！

備え4 最低限の薬をストックしておく

休日や夜間で病院へ行けないとき、常備薬があると安心。レトルト食品などすぐに食べられるものもストックしておくのが◎。

ストックしておきたいもの

- ☐ 総合感冒薬（かぜ薬）
- ☐ 解熱・鎮痛剤
- ☐ 胃腸薬
- ☐ 消毒液
- ☐ 湿布薬、ガーゼ
- ☐ 冷却シート
- ☐ ばんそうこう、医療用テープ
- ☐ ゼリー飲料、レトルト食品

ケガを負ったときの応急処置

よくあるケガの応急処置を紹介します。
ケガの程度によっては、必ず病院も受診して。

やけど

流水を患部より少し上の位置へ流す。流水で15分以上冷やしたら、水疱をつぶさないように清潔な布を当てる。

切り傷

傷口が汚れているときは、まず流水で汚れを取り除く。清潔な布で傷口をおさえて止血したら、消毒してばんそうこうを貼る。

打撲・ねんざ

保冷剤で患部を冷やして、炎症を抑える。冷やしたら医療用テープを巻きつけて固定し、患部を心臓より高く上げる。

悪化する前に病院へ

市販薬での回復が見込めない場合は、できるだけ早く病院へ。めんどうだから、医療費がかかるからなどと処置を後回しにすると、悪化の原因になります。自分の症状をチェックして、それに合う診療科を受診しましょう。

診療科	症状の例
内科	かぜ、発熱、せき、腹痛、吐き気、貧血、だるい、疲れやすい
整形外科	打撲・ねんざ、突き指、外傷、関節痛、腰痛、体のしびれ
皮膚科	やけど、あざ、かぶれ、にきび、手荒れ、じんましん
耳鼻咽喉科	鼻水、くしゃみ、花粉症、鼻血、耳鳴り、首や喉の腫れ
産婦人科	月経痛、月経前症候群（PMS）、月経不順、おりものの異常
精神科	めまい、動悸、食欲不振、不安感、寝つきが悪い、疲れがとれない

急激に体調が悪くなったら救急車を呼ぼう

☐ 電話で伝えること

119番に電話をかけたら、まずは「救急」であることと、来てほしい場所の住所を伝える。次に症状・氏名・年齢を伝えて到着を待つ。自宅の場合は意識があるうちに、玄関のカギを開けておこう。

☐ 迷ったときは「#7119」へ

「具合が悪いけど、救急車を呼ぶべきかわからない」というときは、救急安心センター事業「#7119」へ電話してみよう。電話口で医師、看護師、相談員が受診するべきかどうかのアドバイスをしてくれる。

感じたことがない症状、
大きなケガは迷わず電話して！

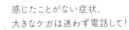

心の不調に注意しよう

慣れない環境で暮らしていると、不安や寂しさから心のバランスが
崩れることも少なくありません。自分にできる予防策を考えてみましょう。

「なんだか最近しんどいな……」と感じたら、それは"心のSOSサイン"。ストレスや不安が原因で気分が落ち込んでしまうことはありますが、ときにはそれがきっかけで心のバランスが崩れ、立て直せなくなることも。

そうならないためには、自分の心の状態を軽視せず、早めに誰かに相談することが大事です。また、セルフケアで心の調整をするのもおすすめ。ひとり暮らしを楽しく続けるために、できることから始めていきましょう。

困ったときはひとりで抱え込まない！

ストレスは、頑張りすぎているときほど気づきにくいものです。心のSOSサインが出ていないかを定期的にチェックして早めに解消しましょう。困りごとがあればひとりで頑張ろうとせず、家族や友人へ相談すること。誰かに話すだけで不安が軽くなることもあります。

話すことで
解決の糸口が
見つかるかも

あのね...

見逃さないで！
心の SOS サイン

- ☐ 夜に眠れない
- ☐ 物忘れが激しい
- ☐ 不安感が止まらない
- ☐ 食欲不振
- ☐ 無気力が続く
- ☐ 興味や喜びがなくなる

不調が続いたら専門家へ相談

"心のSOSサイン"の症状が続いたら要注意。カウンセリングを受けることも考えて。

病院なら
精神科か心療内科

心の不調は精神科、体へ影響が出ていれば心療内科へ。右のような相談窓口と違って保険適用があったり、内容によっては薬を処方してくれたりする。

学校や会社の
カウンセリング

学校や会社に相談窓口があれば、利用してみるのもおすすめ。通い先に自分の症状を知っている人がいると、体調管理がしやすくなることもある。

電話やSNSでの
カウンセリング

直接会わなくても相談できる窓口。厚生労働省のサイトでは、悩みや年代、電話できる時間帯に合わせて相談先を選べるのでチェックしてみて。

セルフケアで心の調整を

ストレスによる症状が悪化する前に、セルフケアで心の調整をしましょう。疲れたときは人が多い場所を避け、自宅などで静かな時間を過ごすと◎。何か特別なことをしようとはせず、今の自分が「楽しい」と思えることを第一にゆったり過ごしてみましょう。

心のバランスが崩れてしまう前に、休職や休学などでつらい環境から一時的に離れることも考えて

家でできるセルフケア

とにかく眠って休息する

ストレスをかかえているとき、体は想像以上に弱っているもの。1日8時間以上の睡眠を心がけて、生活リズムを整えよう。

アロマで香りを楽しむ

気分に合わせて香りを選ぼう。リラックスしたいときには柑橘系、ハーブ系、フローラル系、樹木系の香りがおすすめ。

音楽やラジオを聴く

ひとりの時間が寂しいときは、心地よい音楽やラジオを流してみよう。ゆったりした音楽にこだわらなくてもOK。

好きな映画やアニメを見る

思いきり泣いたり笑ったりすると、気分はすっきりするもの。視聴するときは、時間を気にせずにじっくり楽しんで。

おいしいものをゆっくり食べる

ストレス解消には、おいしいものを食べてリラックスするのもひとつの手。いつもよりゆっくり味わうことを意識してみて。

散歩など、適度な運動をする

軽い運動は脳の活性化につながり、幸せホルモンの分泌を促す効果が。散歩のあとは自宅でストレッチをするのもおすすめ。

学校や職場でできるセルフケア

ゆっくり深呼吸

深呼吸には、心拍数を下げて血圧を安定させる効果がある。モヤッとしたときは、深い腹式呼吸で気分を切り替えよう。

すき間時間マッサージ

手を揉む、耳を軽く後ろに引っ張る、こめかみを3〜5秒ほど押すなど、簡単なマッサージでも疲労回復効果が期待できる。

ひとりの時間を作る

常にまわりに人がいる環境に疲れたら、ひとりの時間を設けよう。毎日5分でも取り入れると、気分転換になり◎。

上手な腹式呼吸でリラックス効果アップ

＊肩の力を抜いてイスに座り、お腹に手を当ててスタート
❶ お腹を膨らませるイメージで、3秒かけて鼻から息を吸う。
❷ お腹をへこませながら、6秒かけて口から息をすべて吐き出す。
❶と❷を繰り返す。目安は1日10回。
その日の体調に合わせて行いましょう。

\ ひとり暮らし経験者に聞いた！/

実際にあった
こんなトラブル・あんなトラブル

よく耳にするトラブル以外にも、さまざまなプチ事件が……。
ここでは、ひとり暮らしの先輩たちが実際に体験したエピソードをご紹介。

CASE 1 緑豊かな環境が裏目に！ 虫が大量発生！！

マンションの前に小さな森があり、自然豊かですてき♡ と思って入居したら、夏場、虫が大量発生！ 洗濯物に虫がつくわ、ベランダでハチに襲われるわ、網戸に大きな虫がへばりつくわ、もう散々だった……。

CASE 2 ベランダの洗濯物にタバコのにおいが…

以前の隣人はベランダで喫煙する人だったので、いつも洗濯物にタバコ臭が。物件自体は禁煙じゃないから言うにも言えず、仕方なく、ベランダの窓が開く音がする度に洗濯物を室内にしまってやり過ごした。

CASE 3 隣の部屋でミュージカルが開幕

前の家は壁が薄くて、ある日、隣のカップルが某アニメ映画の雪だるまを作る歌を爆音で流し、歌い始めた。さすがに耐えられず、壁をノックし続けたら静かになった。でも、恨まれる可能性があるから、大家さんや管理会社に相談するべきだったな……。

CASE 4 お土産をくれる隣のおじさん

トラブルが起きたわけではないけど、隣に住んでいたおじさん（ひとり暮らし）が、ときどき出張のお土産みたいなものをくれて、なんだかちょっと怖かったな……。

CASE 5 室内でも白い息 築50年の木造アパート

築50年の木造アパートに住んでいたとき、冬場が寒すぎた。ヘアオイルが凍り、家の中でも白い息が出るほど……。寒さ対策にかなり苦労した。

CASE 6 玄関を開けたら割られた生卵が…

テレビのADという仕事柄、帰りがいつも遅くて隣人によく壁ドンをされていた。ある日、仕事に行こうと玄関を開けたらドアの前に割られた生卵が……。今となっては話のネタだけど、怖くてすぐに引越した。

CASE 7 推し活の奇声でお隣さんから厳重注意

友だちと集まって推しのライブ鑑賞会をしていた。思わずテンションが上がって奇声をたくさん発してしまい、隣の人から直接クレームを受けた……。猛省したけど、それ以来ちょっと気まずい。

CASE 8 施錠後にカギを部屋の中に！

友人が泊まりに来たときのこと。自分が先に家を出るので「カギはポストに入れておいて」とお願いしたら、玄関ドアの郵便受けから部屋の中にカギを入れてしまい、家に入れず！　親が合いカギを持っていたので、往復2時間かけて実家に借りに行った……。

CASE 9 トイレの中に閉じ込められた！

トイレのドアノブが老朽化していて中に閉じ込められたことがある……。スマホを持っていたからすぐに交際相手に連絡して助けてもらえたけど、それ以来、トイレとお風呂には必ずスマホを持ち込むようにしてる。

先輩たち、いろんなトラブルを経験しているね

みんなも気をつけよう！

これってどちらの負担？

賃貸住宅の退去時に必要なのが「原状回復」。故意・過失による汚れや傷の修繕は、借主の負担になるので注意。

経年劣化・損耗によるもの

▶▶ 管理会社や大家さんの負担

- 壁に貼ったポスターや絵画の跡
- 家具の設置による床、カーペットのへこみ
- 畳や壁紙の変色（日照などによるもの）
- テレビ、冷蔵庫等の後部壁面の黒ずみ（電気焼け）

故意・過失によるもの

▶▶ 自己負担

- 引越し作業で生じたひっかき傷
- 畳やフローリングの色落ち、汚れ（不注意によるもの）
- タバコ等のヤニ、におい
- ペットによる柱等の傷、におい

現状回復のトラブルは消費者ホットライン「188」へ！

困りごとやトラブル、犯罪被害、人には言えない悩みなど、緊急を要するときや
助けを求めたいときの連絡先一覧です。ひとりで抱え込まず、早めに相談を。

目的	連絡先：番号	概要
事件や事故の発生	【警察】110	事件や事故など、緊急を要するときに電話する。
火災や救急の発生	【消防】119	火災や救急など、緊急を要するときに電話する。
災害時に家族と連絡を取りたい	【災害用伝言ダイヤル】171	災害時にメッセージを録音・再生できるサービス。毎月1日、15日をはじめ、年に何度か体験利用できる日がある。
不当な商品を購入したとき	【消費者ホットライン】188	商品やサービスなど消費生活全般に関する苦情や問いあわせなどを専門の相談員が受けつけてくれる。
救急車を呼ぶべきか迷ったとき	【救急安心センター事業】#7119	救急車を呼ぶか判断に迷うとき、電話口で医師、看護師、相談員からアドバイスを受けることができる。
警察を呼ぶべきか迷ったとき	【警察相談ダイヤル】#9110	ストーカーやDV、悪質商法など、多岐にわたる相談を受けつけている。犯罪や事故の発生に至っていなくても相談でき、内容に合わせて対応してくれる。
性犯罪被害に遭ったとき	【性犯罪・性暴力被害者のためのワンストップ支援センター】#8891	性犯罪・性暴力に関する相談窓口。産婦人科やカウンセリング、法律相談などの専門機関とも連携している。電話すると、最寄りのセンターへつながる。
職場がブラックだったとき	【労働条件相談「ほっとライン」】0120-811-610	違法な時間外労働、過重労働など、労働環境の問題や不満について相談できる。
人権を侵害されたとき	【みんなの人権110番】0570-003-110	差別、いじめ、ハラスメントなど、さまざまな人権問題についての相談を受けつける相談窓口。インターネット上での誹謗中傷なども相談できる。
DVやセクハラの被害に遭ったとき	【女性の人権ホットライン】0570-070-810	パートナーからの暴力、職場でのセクハラ、ストーカー行為といった、女性をめぐるさまざまな人権問題について相談できる。
法的トラブルで困ったとき	【法テラス・サポートダイヤル】0570-078374	法的トラブルに巻き込まれたとき、内容に応じて、法制度や相談機関を紹介してくれる。法的トラブルかどうかわからない場合も相談できる。
借金を返せないとき	【多重債務ほっとライン】0570-031640	借金で困ったとき、内容に応じて相談機関の紹介や、家計や生活、債務の返済方法、手続きなどのカウンセリングをしてくれる。
悩みを相談したいとき	【こころの健康相談統一ダイヤル】0570-064-556	ひとりでは抱えきれない、周囲に相談できないような悩みがあれば電話を。公的な相談窓口につながり、悩みを聞いて解決方法などの対応をしてくれる。
死にたいと思ったとき	【#いのちSOS】0120-061-338	「死にたい」「消えたい」「生きることに疲れた」などの気持ちを専門の相談員が受け止めてくれる。つらいと感じたときは、必ず電話して。

📞 もしものときはここに! 緊急連絡先リスト

何かあったとき、すぐに連絡ができるよう電話番号を記入しておきましょう。
部屋に貼っておいたり、コピーして持ち歩いたりすると安心です。*紛失注意。

- ☐ 実家
  ....
- ☐ 親の携帯番号
  ....
- ☐ その他の緊急連絡先
  ....
- ☐ 学校・職場
  ....
- ☐ 管理会社・大家
  ....
- ☐ ガス会社
  ....
- ☐ 電力会社
  ....
- ☐ 水道会社
  ....
- ☐ 共済・保険会社
  ....
- ☐ クレジットカード会社
  ....
- ☐ 携帯会社
  ....
- ☐ 居住地の役所
  ....
- ☐ 病院
  ....
- ☐ 避難所・避難場所
  ....
- ☐
  ....
- ☐
  ....

MY DATA

名前
....

生年月日 　　　　　　　　　血液型
....

持病・アレルギー
....

緊急時に自分や他人が、
すぐに確認できるように
しておこう!

監修者

河野真希 [part1-6]

家事アドバイザー、一人暮らしアドバイザー、料理家。料理や家事、インテリアなどを通じて、気持ちのいい暮らしを作る＆はじめるためのライフスタイルを提案している。『料理教室つづくらす食堂』主宰。

坂本綾子 [part7]

ファイナンシャルプランナー。20年を超える取材記者経験を生かし、生活者向けの記事執筆、家計相談、セミナーを行っている。著書は『節約・貯蓄・投資の前に 今さら聞けないお金の超基本』（朝日新聞出版）ほか多数。

国崎信江 [part8-10]

危機管理アドバイザー。危機管理教育研究所代表。生活者の視点で防災・防犯・事故防止対策を提唱する。内閣府「防災スペシャリスト養成企画検討会」などの国や自治体の防災関連の委員も務める。

Staff

装丁・デザイン‥‥‥‥ monostore（熊田愛子）
イラスト‥‥‥‥‥‥ くらたみゆう
DTP‥‥‥‥‥‥‥ 有限会社ZEST
執筆協力‥‥‥‥‥ 高島直子（part1-3）、植松まり（part5、9）
校正‥‥‥‥‥‥‥ 齋藤のぞみ
編集協力‥‥‥‥‥ 株式会社スリーシーズン
編集担当‥‥‥‥‥ ナツメ出版企画株式会社（野中あずみ）

ナツメ社Webサイト
https://www.natsume.co.jp
書籍の最新情報（正誤情報を含む）はナツメ社Webサイトをご覧ください。

これ一冊で安心！ ひとり暮らしスタートガイドブック

2024年3月6日　初版発行

監修者　河野真希　　　　　　　　Kawano Maki, 2024
　　　　坂本綾子　　　　　　　　Sakamoto Ayako, 2024
　　　　国崎信江　　　　　　　　Kunizaki Nobue, 2024
発行者　田村正隆

発行所　株式会社ナツメ社
　　　　東京都千代田区神田神保町1-52　ナツメ社ビル1階（〒101-0051）
　　　　電話　03（3291）1257（代表）　FAX　03（3291）5761
　　　　振替　00130-1-58661
制　作　ナツメ出版企画株式会社
　　　　東京都千代田区神田神保町1-52　ナツメ社ビル3階（〒101-0051）
　　　　電話　03（3295）3921（代表）
印刷所　ラン印刷社

ISBN978-4-8163-7500-2　　　　　　　　　　　　　　Printed in Japan